Yvonne Kejcz

HOVAWART

Kosmos

INHALT

So sind Hovawarte 5

- 6 ▸ Der Schöne
- 6 ▸ Der Perfekte
- 8 ▸ Geschichten um den Hovawart
- 14 ▸ Das Überraschungspaket
- 15 ▸ Der Anspruchsvolle
- 17 ▸ Hundezucht und Zeitgeist

Ein Hovawart zieht ein 19

- 20 ▸ Vorher planen
- 22 ▸ Gütesiegel VDH
- 23 ▸ Der ideale Züchter
- 25 ▸ Welcher Welpe soll es sein?
- 27 ▸ Hundekauf ist Adoption
- 29 ▸ Die hundegerechte Wohnung
- 30 ▸ Der Heimweg
- 36 ▸ Umgang mit Hunden
- 37 ▸ Exkursionen in die Umwelt
- 40 ▸ Wann ist er erwachsen?

Gesunde Ernährung 41

- 42 ▸ Großer Hund – großer Hunger?
- 45 ▸ Sechs Dinge braucht der Hund
- 45 ▸ Tischsitten
- 46 ▸ Zeit zum Fressen
- 47 ▸ Snacks – wieso nicht?
- 49 ▸ Fütterungshygiene
- 50 ▸ Frisches Wasser

Richtige Pflege 51

- 52 ▸ Leicht zu pflegen
- 53 ▸ Augen, Ohren und Zähne kontrollieren
- 54 ▸ Zeigt her Eure Pfoten!
- 57 ▸ Hovawarte sind eitel
- 58 ▸ Decken und Tücher

Rundum gesund 59

- 60 ▸ Hüftgelenksdysplasie (HD)
- 61 ▸ Osteochondrosis dissecans (OCD)
- 61 ▸ Magendrehung
- 62 ▸ Vorbeugen ist besser ...
- 62 ▸ Zahnwechsel
- 62 ▸ Gesundheits-Check up
- 63 ▸ Verhaltens-Check up
- 64 ▸ Vor dem Tierarztbesuch
- 64 ▸ Infektionen und Impfungen
- 65 ▸ Parasiten
- 66 ▸ Läufigkeit und Zyklusstörungen
- 67 ▸ Erste Hilfe
- 67 ▸ Hunde-Hausapotheke
- 67 ▸ Altern ist keine Krankheit

INHALT

Erziehung leichtgemacht ▶ 69

- 70 ▶ Erziehung – wozu eigentlich?
- 70 ▶ Verstehen und Verständigung
- 74 ▶ (Rang-)Ordnung muß sein
- 76 ▶ Für das Leben lernen
- 79 ▶ Der klassische Grundgehorsam
- 84 ▶ Begleithundeprüfung
- 85 ▶ Richtig spielen

Freizeitpartner Hovawart ▶ 87

- 88 ▶ Der Hund an Ihrer Seite
- 88 ▶ Der Öko-Hovawart
- 90 ▶ Hundetreffen
- 91 ▶ Gar lustig ist die Jägerei
- 92 ▶ Fit for fun: Radfahren, joggen, reiten
- 93 ▶ Hundesport
- 100 ▶ Im Urlaub

Hovawarte züchten ▶ 101

- 102 ▶ Vorbildliche Hovawartzucht
- 105 ▶ Nachzuchtbeurteilungen
- 105 ▶ Der Rassestandard
- 106 ▶ Ausstellungen
- 108 ▶ Die Zuchtvoraussetzungen
- 111 ▶ Die Zuchtwarte
- 111 ▶ Persönliche Voraussetzungen

Service ▶ 113

- 114 ▶ Lexikon
- 115 ▶ Rassestandard
- 119 ▶ Zum Weiterlesen / Adressen
- 120 ▶ Register
- 122 ▶ Impressum / Bildnachweis
- 123 ▶ Hundepaß
- 124 ▶ InfoLine

So sind Hovawarte

So sind Hovawarte

6	Der Schöne	14		Das Überraschungspaket
6	Der Perfekte	15		Der Anspruchsvolle
8	Geschichten um den Hovawart	17		Hundezucht und Zeitgeist

▶ Der Schöne

Viele kommen auf den Hovawart zuerst über den Augenschein. Vielen, die sich für einen größeren Hund interessieren und Hundebücher lesen oder Hundeausstellungen besuchen, gefällt der Hovawart auf Anhieb.

Der Hovawart ist groß, aber nicht massig. Rüden sind (am Widerrist gemessen) zwischen 63 und 70 cm, Hündinnen zwischen 58 und 65 cm groß. Der Körperbau ist »typisch Hund«, die Proportionen stimmen, der Rücken ist gerade, mit leicht abfallender, nicht zu langer Kruppe. Er hat als Rüde einen schönen, kräftigen Kopf, bei der Hündin sind die Konturen feiner, eleganter. Die Augen sind rund bis oval und weder tiefliegend noch hervortretend. Der Gesichtsausdruck vermittelt wache Intelligenz und Aufmerksamkeit.

Der Hovawart hat ein schönes Haarkleid. Es gibt ihn in drei Farbschlägen: Der sogenannte schwarzmarkene Hovawart ist ein schwarzer Hund mit mittelblonden Abzeichen an Kopf, Kehle, Brust und Läufen. Der blonde Hovawart hat eine mittelblonde Decke und Aufhellungen zum Bauch und zu den Läufen hin. Der schwarze Hovawart hat ein durchgehend schwarz gefärbtes Haarkleid.

Die gegenwärtige Popularität des Hovawarts kommt aber nicht allein von seiner Schönheit, sondern von dem, was über sein Wesen und seinen Charakter und vor allem von dem, was über seine Gesundheit verbreitet wird.

▶ Der Perfekte

»Hova...was?« Der scheinbar komplizierte Name unserer Hunde ist oft der zweite Anlaß für ein Gespräch mit anderen Spaziergängern. Der erste Anlaß ist meist der Ausdruck von Bewunderung für den schönen Hund, der uns begleitet.

Früher erntete man oft einen mißtrauischen Blick, wenn man erklärte, dies sei ein Hovawart. Kaum einer kannte den Namen und viele meinten, man erfinde ihn gerade, um seinen Mischlingshund als Rassehund auszugeben. Meine blonde Andra wurde anfangs als hübscher Leonberger-Mischling, in ihrem späteren Leben meist als Golden Retriever – die damals gerade in Mode kamen – identifiziert. Meine Beteuerungen, daß sie ein Hovawart sei, wurden von den meisten selbsternannten Hundefachleuten in Feld und Flur ignoriert. Heute, mit meiner Nessy, höre ich dagegen immer öfter: »Das also ist ein Hovawart!« Der Bekanntheitsgrad nimmt zu.

Anders als bei einem Pudel oder einem Dackel tun sich viele aber doch noch schwer damit, einen Hovawart zu

Benno Adam malte 1869 sein Bild »Hundefamilie mit altem Gaul«. Wahrscheinlich sahen so ähnlich die Typhunde aus, aus denen der Hovawart gezüchtet wurde.

erkennen: »Ich kenne aber einen, der sieht ganz anders aus als Ihrer!« Der kann größer sein oder kleiner, er kann derber sein oder eleganter, seine Farbe oder seine Farbzeichnung kann anders sein, sein Haarkleid ist länger oder kürzer, dichter oder gewellter oder, oder, oder. Hovawarte zweifelsfrei identifizieren können nicht einmal Fachleute immer.

Hovawarte, vor allem die markenfarbenen Hunde, werden oft als Mischlinge angesehen. Es sind Hunde, die ähnlich aussehen wie die großen Hunde, die überall auf der Welt Haus und Herden bewachen. Deshalb kann man sie so leicht verwechseln, und deshalb kann man leicht einmal Mischlinge für Hovawarte halten. Der Rassehund Hovawart wird nicht darauf gezüchtet, daß sich die einzelnen Tiere gleichen wie ein Ei dem anderen, sondern darauf, daß sie gesund sind, ein gutes Wesen haben und so sind, wie man sich Hovawarte wünscht.

Hovawarte sind so, wie sich Wissenschaftler den gelungenen Rassehund vorstellen. Er soll in Größe, Ausdruck und Haarkleid nicht allzuweit vom Wolf entfernt sein. Er soll – und das ist bei Rassehunden ein Qualitätszeichen – ein gesundes Mittelmaß ohne Übertreibungen verkörpern. Genau das macht der Hovawart. Er ist kein Riese und kein Kleiner. Sein Haarkleid schützt ihn, behindert ihn aber nicht und verdeckt auch nicht seine arttypische Mimik. Sein Gewicht soll seiner Größe angepaßt sein und seine Arbeitsfreude nicht mindern. Sein Fang, sein Gebiß, seine Augen und sein Gebäude haben keine Deformationen, wie man sie bei manchen anderen Rassen findet. Seine Rute trägt er stolz und vollständig als wichtiges Ausdrucksmittel für seine Stimmung.

Ein Hund von Bertram König, 1908 gezüchtet, und ein Vorfahre der Hovawarte. Der schwarzmarkene Rüde ist vermutlich eine Kreuzung aus Bauernhund und Gordon Setter.

Ein prima Hund also in einer Zeit, in der immer mehr Kritik an einer Art der Rassehundezucht aufkommt, bei der Hunden Merkmale angezüchtet werden, die ihnen kein beschwerdefreies Leben und keinen halbwegs artgerechten Sozialkontakt ermöglichen.

Wenn man dann noch in Rassehundebüchern liest, daß der Hovawart einerseits menschenfreundlich und andererseits verteidigungsbereit ist, daß er leicht lernt und selbständig handelt, daß er sich durchsetzt, ohne selbst ein Raufer zu sein, daß er groß ist und doch temperamentvoll – ja dann bleibt eigentlich nur noch festzustellen, daß dieser Hund absolut perfekt ist.

Der Hovawart wird populär. Ob ein Hund aber perfekt ist, hängt zuallererst davon ab, ob seine Bedürfnisse und Ansprüche zum Menschen passen, der ihn zu sich nehmen will. Dieses Buch soll Ihnen helfen, eine gute Entscheidung zu treffen. Es versucht, Ihnen den Hovawart als Hund fürs Leben vorzustellen, Ihnen seine Vorzüge zu zeigen, Ihnen aber auch zu zeigen, was auf Sie zukommt, wenn Sie so einen großen, temperamentvollen, klugen und anspruchsvollen Hund aufnehmen.

Ob ein Hovawart für Sie der Richtige ist, wird letztlich erst Ihr Leben mit ihm erweisen. Viele haben sich erst in der Auseinandersetzung mit ihrem Hund zu wahren Hundeexperten entwickelt. Wenn Sie aber nur den geringsten Zweifel an Ihrer Eignung zum Hovawartbesitzer haben, dann lassen Sie lieber die Finger von ihm.

Der Hovawart ist ein großer Hund, der eine Zierde seiner Rasse sein kann – durch Sie und mit Ihnen. Der Hovawart ist ein großer, wehrhafter Hund, der aber auch zum Ärgernis und zur Belästigung seiner Umwelt werden kann – durch Sie und Ihre fehlende Lenkung.

Einen Hovawart ins Haus zu holen ist immer verbunden mit der Verpflichtung, ihn so zu erziehen, daß er ein schönes, möglichst freies und unbeschwertes Leben haben kann. Und besonders ist man als Halter eines großen, dominanten Hundes verpflichtet, dafür zu sorgen, daß neben seinem Hovawart auch noch Passanten, Besucher, Nachbarn und Nachbars Lumpi ein ebenso schönes Leben haben können wie unser geliebter Hovawart.

▶ Geschichten um den Hovawart

Jeder Rassehund wurde für einen bestimmten Zweck oder auf ein bestimmtes Ziel hin gezüchtet. Das Aussehen des Hundes spielte dabei zunächst eine nachgeordnete Rolle. Wenn man also klären will, ob man selbst zu einer bestimmten Rasse paßt, fragt man am besten nach dem Zuchtziel, das bei der Entstehung einer Rasse verfolgt wurde. Die Frage ist nur: Wann ist der Hovawart eigentlich entstanden?

Nachkriegs-Hovawarte, 1949 fotografiert. V. l. n. r.: Eike *1948, Billung *1948, Asta *1943, Barbara *1945. Billung würde heute wegen sogenannter Fehlfarben nicht mehr zur Zucht zugelassen.

Um die Idee des Rassehundes »Hovawart« wabert der Nebel nordischer Mythen, deutschtümelnden Zeitgeistes und idealisierter Vorstellungen vom mittelalterlichen Hofhund.

Forsche Besitzer erzählen auf Nachfrage mit stolzgeschwellter Brust, daß Hovawart einmal ein mittelhochdeutsches Wort für Hofwächter war und daß es zum anderen diesen Hund schon seit Urzeiten gebe, zunächst an der Seite streitbarer Germanenstämme, später als geschätzter Hüter von Haus und Hof mittelalterlicher Bauern. Richtig daran ist, daß es sicher große molosserartige Hunde gab, die nomadisierende Stämme begleiteten und beim Kampf und bei der Auseinandersetzung mit großem Raubwild halfen. Richtig daran ist auch, daß es einen Hundetyp gab, der hovewart oder hofwart genannt wurde. Alles andere sind Geschichten, die gerne erzählt werden, aber nur die Herkunft des Namens, nicht die unserer Hunderasse klären.

Unter Hovawartbesitzern und in Hovawartbüchern wird immer wieder behauptet, daß auf dem berühmten Kupferstich von Albrecht Dürer von 1513, »Ritter, Tod und Teufel«, ein hovewart den Mann auf seinem schweren Gang begleitet. Warum diese Behauptung aufgestellt wurde, weiß keiner, denn es ist ja wohl eigentlich eher anzunehmen, daß der Hund eines Ritters ein Jagdhund war. Das einzige, was Dürers Kupferstich wohl mit der Geschichte der Hovawartzucht zu tun hat, ist, daß einige der ersten Züchter davon ausgingen, daß ein Hund, der seinen Herrn ohne Zögern in eine solche kritische Konfrontation begleitete – immerhin ging es gegen Tod und Teufel –, unbedingt der legendäre Germanenhund sein mußte, und so stellte Dürers Reitbegleithund quasi die Rohzeichnung für unseren modernen Hovawart dar.

Mit unserem Rassehund Hovawart haben diese Geschichten und Zitate so viel zu tun wie mit allen Hof- und Bauernhunden aus dem europäischen Kulturraum und all den vielen Rassen, die aus ihnen herausgezüchtet wurden.

Diese Geschichten und Dürers Hund geben keinen Hinweis auf die Entstehung unseres Hovawarts, aber sie zeigen uns, welche Ideen mit der Züchtung des modernen Hovawarts verbunden waren.

Die ersten Bemühungen um die Zucht von Hovawarten fallen in die Zeit vor dem Ersten Weltkrieg. Es war eine der vielen Bemühungen um die Zucht deutscher Hunde, die in die autoritäre und nationalistische Zeit vor der Jahrhundertwende und bis hin zum Faschismus paßte. Erik Zimen schreibt in seiner Entwicklungsgeschichte der deutschen Rassehunde über diese Zeit, den Deutschen Schäferhund, den Rottweiler, Dobermann, Riesenschnauzer und Hovawart: »Größe war jetzt beim Hund gefragt und Schärfe, Aggressivität, Mut und Kampfeslust ebenso wie Treue, Unterordnung und Gelehrigkeit. Und vor allem deutsch sollte er sein.« (Zimen, E.: Der Hund. München 1988, S.135)

Erik Zimen beschreibt, was von diesen neuen Hunderassen erwartet wurde: Im Grunde sollten es kleine Soldaten sein – Mut und Kampfeslust auf der einen Seite, Treue, Unterordnung und Gelehrigkeit auf der anderen. Eine neue Art Hund wurde gefordert, ein Hund, den wir heute Gebrauchshund nennen, ein Hund, der vor allem für den Diensteinsatz bei Polizei und Militär geeignet ist. Auch die Idee, den mittelalterlichen Hovawart wieder erstehen zu lassen, gehört in diese Zeit.

Neuere Forschungen über den Gründungstermin des ersten Hovawartvereins gehen davon aus, daß dieser 1924 in Thale unter dem Namen »Hovawart-Verein für Deutsche Schutzhunde e.V.«, ins Vereinsregister eingetragen wurde (vgl. H. Rosche: Der Anfang. In: Rassezuchtverein für Hovawart-Hunde, 1948–1998, S. 10ff.).

Eine der schillerndsten und umstrittensten Persönlichkeiten in dieser Anfangszeit war C.F. König, der sich selbst zum Erfinder des Hovawarts erklärte, obwohl das wohl eher sein Vater, Bertram König, war, der schon um die Jahrhundertwende mit dem »Germanenhund« experimentierte. Ein Foto von einem Hund aus dieser Zeit finden Sie auf Seite 8. Unbestritten ist jedenfalls, daß C.F.König bis zur Anerkennung der Rasse 1937 Zuchtleiter war. Vielleicht war er das gar nicht so sehr wegen seiner äußerst verwegenen Theorien über Hundezucht und -abstammung, sondern eher wegen seiner Begabung für zeitgemäßes Marketing. Er konnte Mitstreiter für die Idee begeistern, den alten Germanenhund zu »rekonstruieren«. Er schaffte auch durch Überzeugungsarbeit und Beziehungen 1937 die Anerkennung der neuen Rasse.

Ein Zeitzeuge berichtet, daß König, je nachdem, wer sein Gesprächspartner war, das Wesen der Hovawarthunde anders definiert habe. Dem NS-Bauernführer ließ er erklären, daß der Hovawart ein absolut wildfrommer Bauernhund sei. Der SS wurde der Hovawart als bestens geeigneter Kriegshund vorgeführt. König schuf also quasi das Markenimage der Rasse, schaute nach geeigneten Zielgruppen und vermarktete Hund und Idee in seiner Zeit. Manche Vereinsfreunde bezeichneten ihn als Geschäftemacher, und manchmal wurde er aus einem Verein ausgeschlossen und wieder aufgenommen.

Bei diesem schönen Rüden sieht man deutlich: Der Hovawart ist ein Hund, wie ihn sich Verhaltensforscher und Tiermediziner wünschen. Ein ideales »Mittelmaß« ohne Übertreibungen.

Neben dem Ideengeber König soll aber hier vor allem auch an jene Züchter erinnert werden, die es weniger ideologisch, dafür aber praktisch geschafft haben, daß wir uns heute ganz unideologisch und demokratisch an unseren Hovawarten freuen können. Da sind vor allem folgende Namen zu nennen: Busch, Veckenstedt, Zwies, Rogasch, Brüser, Baum, Schäfer, Becker/TH., Bosse, Quast, Pohl, Friedrich, König, Hotopp, Jürgens, Sturm, Geiser, Stockmann, Vondram. Sie sehen schon, es gab jede Menge. Und außerdem gab es Johann Adam Becker, der mit seiner Hovawarthündin »Cenzi von Veckenstedt« schon zu Beginn der Zuchtgeschichte in den zwanziger Jahren unter Beweis stellte, daß Hovawarte für den Polizeidienst geeignet sind. Das ist deshalb wichtig, weil damit ihre Vielseitigkeit, ihre Intelligenz und Arbeitsfähigkeit erstmals ganz offiziell belegt wurde.

Der Hovawart ist natürlich keine Rekonstruktion oder Rückzüchtung, das gehört in den Bereich der biologischen Legenden. Der Hovawart ist eine Neuzüchtung auf ein bestimmtes Zuchtziel hin. Äußerlich sollte er dem entsprechen, was man sich unter einem alten Bauernhund vorstellen konnte. Dazu wurden sogenannte Typhunde, also Hofhundbastarde, die dem Idealbild relativ nahekamen, mit Rassehunden gekreuzt. Der Leonberger war beteiligt, der Neufundländer, der Schweizer Sennenhund, der Kuvacz, wahrscheinlich auch der Gordon Setter und vor allen anderen der Deutsche Schäferhund. Wenn man bedenkt, daß sogar eine afrikanische Wild- oder Windhündin, das weiß keiner so genau, am Blutgemisch des germanischen Hundes mitgewirkt hat, dann ist das mit der rassistischen Theorie der ursprünglichen Züchter auch nicht so weit her, denn da war ja genetisch eine ganz nette internationale Sippschaft zu Gange.

Wie der Blutcocktail jeweils gemischt wurde, blieb meist den einzelnen Züchtern überlassen. Einen Standard im heutigen Sinne gab es nicht, und damals wie heute war das Äußere weniger wichtig als das Wesen.

Schaffen wollten die Züchter jedenfalls einen Hund, der die Vorteile des Hofhundes (Unerschrockenheit, Selbständigkeit, Abwehrbereitschaft) mit dem Vorteilen des führigen Gebrauchshundes vereinte (Härte, Arbeitswille, Führigkeit, Lernfreude, gute Nasenveranlagung).

1924 beginnt die eigentlich Reinzucht des Hovawarthundes zunächst ohne jegliche planmäßigen Ansätze. Das spricht zwar nicht unbedingt für die Qualifikationen des damaligen Zuchtleiters, aber immerhin hat das eine ganz ausgezeichnete Auswirkung auf die Rasse gehabt: Die neue Rasse hat dadurch beinahe ein Höchstmaß an züchterischer Breite mitbekommen.

Ein Datum dieser frühen Hovawartgeschichte sei auch noch erwähnt: Im März 1932 wird Castor Meyer-Busch geboren, jener Rüde, der in fast jeder Ahnentafel unserer modernen Hovawarte zu finden wäre, wenn sie denn so weit zurückreichte. Mit diesem Vorzeigerüden begann die systematische Durchzüchtung der Rasse. Zu Castors Ahnen zählten neben den Typhunden Neufundländer, Kuvacz und Deutsche Schäferhunde. Aber auch nach dieser Zeit wurde die Zuchtbasis immer wieder verbreitert, auf einen einheitlichen Typus wurde weniger Wert gelegt, was Sie selbst auf den historischen Fotos hier im Buch sehen können.

Auch als die Rasse 1937 anerkannt wurde, war der Hovawart noch recht weit davon entfernt, eine eigene Rasse zu sein, d. h., der Genpool war noch nicht geschlossen. Laufend wurden noch sogenannte Typhunde der Zucht zugeführt. 1940 wurde – wie schon berichtet – als letzte Einkreuzung eine sehr wahrscheinlich windhundähnliche »afrikanische Wildhündin«, Tessa, der Blutmischung zugeführt.

Mit dem Ende des Zweiten Weltkriegs stand auch die Hovawartzucht vor einem tiefen Einschnitt. Die meisten Hunde waren im Krieg »verbraucht« worden. Es gab zwar da und dort noch Hunde und Züchter, aber Deutschland war in Zonen aufgeteilt, die Infrastruktur und die Kommunikationsmittel waren zerstört oder unzureichend. Eine Verbindung unter den Züchtern war schwierig und teils unmöglich. Viele glaubten, sie seien der einzige Verein und sie führten das einzige Stammbuch der Hovawarthunde.

In der Folge entwickelten sich recht unterschiedliche Hovawarttypen in den verschiedenen Regionen, da ja das genetische Potential uneinheitlich war. Man sprach von einer Coburger, einer Hamburger, einer Oldenburger und einer Berliner Zucht.

1949 wird – weil das damals nur ein Verein durfte – der Rassezuchtverein (RZV) für Hovawarthunde, Sitz Coburg, Gründungsmitglied des VDH und damit alleiniger zuchtbuchführender Verein im deutschen kynologischen Dachverband.

Versuche, die unterschiedlichen Vereine in den fünfziger Jahren zusammenzuführen, scheiterten leider, denn wie so oft ging es dabei weniger um die Sache als um menschliche Differenzen. Es gab viele Übertritte zum RZV, weil dieser als VDH-Mitglied die besten Perspektiven bot. Es gab aber auch viele

Streitigkeiten um das Recht, sich »Originalzuchtbuchführender Verein« zu nennen, und darum, wer denn nun den wirklich echten Hovawart züchtete. Ich erspare Ihnen die Inhalte dieser Streitigkeiten, da diese heute kaum mehr nachvollziehbar sind.

Ein weiterer Meilenstein in der Hovawartgeschichte war 1964 die Anerkennung der Rasse als siebte Deutsche (Dienst-)Gebrauchshunderasse neben Airedaleterrier, Boxer, Deutschem Schäferhund, Dobermann, Riesenschnauzer und Rottweiler.

1983 wurde auf Anregung und Betreiben des deutschen RZV für Hovawarthunde die »Internationale Hovawart-Förderation« (IHF) gegründet. Ziel dieses Verbandes ist es, dafür zu sorgen, daß der Rassestandard einschließlich der Wesensmerkmale überall gleich ausgelegt wird. Ein noch wichtigeres Ziel der IHF ist es, daß Daten, Erfahrungen, Ziele, Methoden und Vorgaben für die Zucht gesunder, wesensfester Hovawarte überall umgesetzt werden.

Mit dem Spezialzuchtverein der DDR unterhielt der RZV immer Kontakte. Nach der Wiedervereinigung fanden sich die Hovawartzüchter der DDR und des RZV zusammen im neuen größeren RZV für Hovawarthunde. Mit seinen ungefähr 6.500 Mitgliedern und ca. 1.200 Welpen (von ca. 1.500 Hovawartwelpen jährlich im VDH) ist der RZV heute der neuntgrößte Rassezuchtverein im VDH.

Nach einem Urteil des Kammergerichts Berlin wurde die bis dahin gültige Beschränkung auf einen Rassezuchtverein pro Rasse im VDH aufgehoben, seit 1991 gibt es neben dem großen RZV auch noch die Hovawartzuchtgemeinschaft (HZG) und den kleinen Hovawart-Club (HC).

Der Hovawart will geliebter Hundemittelpunkt seiner Familie sein. Schon beim Züchter, dessen ganzer Stolz er ist, und später bei seiner Familie fürs ganze Hundeleben.

Das Verhältnis der kleineren Hovawartvereine zum großen RZV ist immer noch gespannt. Wie oft, wenn kleinere Organisationen gegen größere angehen möchten, gibt es viele Übertreibungen und Überzeichnungen.

Lassen Sie sich als Interessent am Hovawart nicht von Propaganda beeindrucken und von den alten Legenden im neuen Gewand. Was immer einmal Anfang der zwanziger Jahre begonnen wurde – heute ist heute, und heute können wir stolz auf das sein, was aus den teils chaotischen, teils düsteren ideologischen, teils utopischen Vorstellungen geworden ist.

Heute braucht man sich nicht mehr zu fragen, was die Gründerväter wollten, sondern heute muß man sich fragen, ob mit dem Hovawart ein Hund vorhanden ist, der wichtig ist, der das Rassespektrum unserer Hunde unverwechselbar bereichert. Daß er dies zweifellos ist, ist nicht allein den Gründervätern zu danken, die den Anfang machten, sondern all denen, die unter widrigen Umständen daran mitwirkten, daß wir heute einen prima Rassehund haben, der keinen Vergleich scheuen muß.

▸ Das Überraschungspaket

Was immer die Ziele der Hovawartzucht anfangs waren, herausgekommen ist ein Hund, der viele Widersprüche in sich vereinigt, denn ein bißchen ähnelt die Beschreibung des idealen Hovawarts ja schon der Quadratur des Kreises: Eigentlich widersprechen sich die beiden Hundetypen, die da zu einer neuen Rasse zusammengebracht wurden.

Unser Hovawart hat Hofhunderbe, das heißt, er ist groß, stark, enorm selbstsicher und mit einer gehörigen Portion Aggressionspotential ausgestattet, denn er soll tierische und menschliche Räuber vom Hof fernhalten. Unser Hovawart ist als Hofhund ein dominanter Hund, denn er muß sich im Zweifel gegen Mensch und Tier durchsetzen. Der Hovawart als Hofhund muß auch ein selbständig handelnder Hund sein, denn wenn Gefahr im Verzug ist, muß er sie selbst als solche erkennen und abwehren, er kann nicht in jedem Fall auf das Kommando seines Bauern warten.

Andererseits soll er aber nicht jeden Gast anfallen und vertreiben. Friedlichen soll er friedlich begegnen, so viel Ruhe und Gelassenheit soll sein. Unser Hovawart als Hofhund sollte wenig Beutetrieb haben, denn ein Bauer brauchte einen wildfrommen Hund. Deshalb konnte der Hofhund auch ruhig ein schwerfälligerer Hund sein, sofern er dem Bauern nicht die Haare – bzw. im Mittelalter die Hafergrütze – vom Kopf fraß. Außerdem war ein rechter Hofhund zurückhaltend und äußerst mißtrauisch gegenüber Fremden.

Als moderner Gebrauchshund, der er nach Ansicht seiner »Erfinder« werden sollte, muß er in vielen Punkten genau das Gegenteil von dem sein, was den Bauernhund ausmachte. Er soll führig sein, das heißt schnell und leicht lernen, die Wünsche seines Menschen zu erfüllen. Er soll absolut in der Hand seines Menschen sein, also bitte keine eigenständigen Entscheidungen treffen. Er soll einen entwickelten Beutetrieb haben, denn eine solche Veranlagung ist ein Zeichen für hohe Lernbereitschaft. Er soll Spielfreude zeigen, denn auch das macht Ausbildung leichter. Er soll mindestens über ein mittleres Temperament verfügen, und er soll körperlich den Anforderungen gewachsen sein, also zwar ein derber, aber kein schwerfälliger Hund sein.

Man sagt, Gegensätze ziehen sich an: Der Hovawart ist ein Kind solcher Gegensätze. Er vereint sie auch heute noch in sich, und zwar auf ganz individuelle Weise. Ob Ihr Hovawartwelpe nach dem Urahn Hofhund aus dem Harz kommt oder eher nach der Urahnin, die Dienst bei den Schafen machte, wird sich zeigen. Beides kann sein.

Vielleicht ist Ihr Welpe aber auch einfach dieser neue Hund mit dem alten Namen, der idealerweise die ganzen positiven Erbanteile seiner Verwandtschaft hat: Er handelt selbständig, dann, wenn es gefordert ist. Er ist verteidigungsbereit, aber nicht angriffslustig. Er hat einen entwickelten Beutetrieb, ordnet sich seinem Menschen aber gern und freudig unter. Er hat ein belastbares Nervenkostüm. Er ist temperamentvoll im Gelände, bei Spiel und Arbeit und ruhig im Haus. Er schlägt an, wenn er etwas melden will, ist aber kein Kläffer. Er paßt auf Ihr Reihenhaus, die Goldfische und Kater Murr auf, wie weiland sein Ahne Greif im Schwarzwald hofhielt. (Fast) alles ist möglich.

Eines sollten aber alle Hovawarte gemeinsam haben: Sie sind Freunde der

Schnell, temperamentvoll, spielfreudig und bewegungshungrig – das ist der Hovawart. Er braucht Menschen, die mit ihm toben, spielen und sehr gerne draußen sind.

Menschen, und das sollte man merken. Sie bleiben lange jung, das sollten jene berücksichtigen, die gern schnell und sportlich mit ihrem Hund arbeiten und sich nicht drei Jahre lang (und oft länger) mit einem mehr oder weniger ausgeprägten Kindskopf beschäftigen wollen, obwohl dies, nebenbei gesagt, großen Spaß macht.

▶ Der Anspruchsvolle

Auch wenn dies der Name scheinbar aussagt: Der Hovawart ist kein Hund, den man sich selbst überlassen kann. Da hilft Ihnen kein riesiger Garten, denn ein Hovawart ist am liebsten bei Ihnen, und wenn Sie nicht in den riesigen Garten gehen, sondern am Computer Hovawartbücher schreiben, dann wird Ihr Hovawart halt zum »Sofawart« (wenn er darf) und schaut Ihnen zu oder (was wahrscheinlicher ist) schläft den Schlaf der Gerechten. Ein Hovawart, der sich selbst überlassen bleibt, wird wahrscheinlich ein schwieriger Hund. Der Hovawart ist zu intelligent, um allein gelassen zu verblöden. Er wird Terror machen, streunen, zum Kläffer werden, oder ihm fallen hundert andere Möglichkeiten ein, seiner sozialen Verwahrlosung zu entkommen. Der Hovawart kann seine rassespezifischen Vorzüge und Anlagen nur entfalten, wenn er in engster Verbindung mit seinen Menschen leben darf.

Anders als seine Ahnen von den Bauernhöfen ist unser moderner Hovawart äußerst anhänglich. Wenn er darf, klebt er an seinen Menschen.

Also braucht der Hovawart zuerst und vor allem einen Menschen. Der Hofhund im Hovawart will vor allem einen anständigen Chef, sonst muß er das Ruder selbst übernehmen, und das kann für alle Beteiligten äußerst unangenehm werden. Hat der Hovawart aber seinen Chef, sehr gern auch eine Chefin übrigens, ist er ein Traum von Hund, denn dann weiß er, wo er hingehört.

Der Hovawart ist aber nie ganz der Schäferhund wie ein Teil seiner Ahnen. Bedingungslosen Gehorsam kennt er nicht. Er verkörpert das, was der Verhaltensforscher Trumler mal den »intelligenten Ungehorsam« genannt hat. Der Hovawart überlegt bei einem Hörzeichen erst mal: Warum ruft der Boß, was liegt an, was ist zu tun?

Das Spielverhalten der meisten Hovawarte erinnert auch eher an Hof- und Hirtenhunde als an das der Schäferhunde. Tobe-, Rauf-, Kampfspiele, Auflauern und Überfallen, all dies macht ihm großen Spaß. Das sind alles spielerische Trainingsformen dessen, was man früher als Hüter von Hof und Herde können mußte: plötzlich von entspannter Ruhe in absolute Angriffsbereitschaft zu kommen und zu verteidigen. Viele Hovawartbesitzer kennen leider diesen angeborenen, vom alten Molosserblut ererbten Handlungsablauf, den der moderne Hovawart am Gartenzaun auslebt: Entspannt daliegen, einen Passanten herankommen lassen, blitzschnell vom scheinbaren Schlummern erwachen und dann in herrliches, lautes Hofhunddrohen verfallen. Dieses uralte Hofhundspiel gewöhnen Sie Ihrem Kleinen übrigens am besten gleich bei seinen ersten Probeläufen ab. Das schont Ihre Nerven und die der friedlichen Mitmenschen, die nur vorbeigehen möchten, enorm.

Hovawarte haben alle ein gerüttelt Maß an Aggressionsbereitschaft. Das ist zunächst nichts Schlimmes, denn das gehört arttypisch zu allen Raubtieren und Beutegreifern. Es gibt keine Hunde ohne Aggressionspotential. Nur beim Hof-/Gebrauchshund Hovawart ist es halt deutlich ausgeprägt. Das müssen Sie wissen, denn Sie können und Sie müssen es ja kontrollieren. Sie werden ohnehin bald merken, daß sich niemand mehr ohne Ihre Einladung aufs Grundstück wagt, denn das Drohen des modernen Hovawarts ist sicherlich ähnlich beeindruckend wie das der Zuchtvorbilder aus dem Mittelalter.

Zum Hovawart gehört auch ein deutliches Dominanzstreben, allerdings wird dies nicht zum Problem, wenn der Hund von Anfang an freundlich, aber konsequent in das Sozialgefüge der Familie eingeordnet wird. Er wird Ihre Kinder lieben und beschützen, aber er ist kein Hund, den Kinder führen können.

Rüden wie Hündinnen sind anderen Hunden gegenüber meist der Auffassung, daß sie die Größten sind. Mal davon abgesehen, daß das im körperlichen Sinne oft stimmt, sollten Sie dieses Getue nicht tolerieren und jede Aufgeblasenheit Ihres Hovawartbackfischs gleich korrigieren. Wahrscheinlich schaffen Sie es nie, Ihren Hovawart ganz von seinem Größenwahn abzubringen, aber er wird sich, wenn Sie sein geliebter Boß sind, Ihnen zuliebe anständig benehmen.

Hovawarte sind äußerst sensibel, auch wenn sie aussehen wie derbe Kerle. Auch hier gilt der Satz von der harten Schale. Einen Hovawart kann man schnell falsch behandeln. Passen Sie auf, seine Hofhundesippschaft hat ihm ein ganz ausgezeichnetes Gedächtnis vererbt, er wird sich alles merken. Mit diesem Supergedächtnis sollten Sie auch rechnen und es nutzen, indem Sie ihm früh gute und wichtige Erfahrungen ermöglichen.

Gerade für den Hovawart sind Welpenprägetage oder Welpenspieltreffs äußerst wichtig und für die Entwicklung seines (innerartlichen) Sozialverhaltens entscheidend. Viele freie Begegnungen mit Welpen und anständigen Althunden aller Rassen von Anfang an schaffen eine gute Grundlage für einen Hovawart, der später, wenn er erwachsen ist, zwar seine Kraft kennt, sie aber nicht oder nur fein dosiert einsetzt.

Der Gebrauchshund Hovawart braucht Arbeit und Aufgaben. Dies kann aber nicht allein der Schutz Ihres Vorgartens sein, dazu ist er zu klug. Ein Hovawart braucht einen Arbeitgeber, der sich ständig interessante Jobs für ihn überlegt, denn wenn er einmal eine Aufgabe beherrscht, langweilt er sich schnell. Hovawarte wollen Menschen, die gerne draußen sind, denn sie haben ein enormes Bewegungsbedürfnis und ein beachtliches Temperament.

Hovawarte sind bewegungsfreudig und lebenslustig, gehen selbstbewußt auf ihre Umwelt zu, sind gelassen und haben ein robustes Nervenkostüm. Sie sind intelligent und unternehmungslustig – Sie auch? Dann haben Sie im Hovawart vielleicht den idealen Partner auf vier Pfoten.

▶ **Hundezucht und Zeitgeist**

Die ganz überwiegende Mehrheit der Welpen wird der Hundemittelpunkt in einer Familie werden. Das war eigentlich beim Hovawart schon fast immer so: Als Gebrauchshund wurde er gezüchtet, als Familienhund gehalten. Heute sind die meisten Züchter nette Familien, die mit ihren Hunden Nachwuchs haben. Dieser wird sorgfältig geplant, liebevoll aufgezogen und oft ein ganzes Hundeleben lang mehr oder weniger eng begleitet.

Die Käufer und die Züchter haben bestimmte Wünsche an ihre Hunde.

Diese Wünsche ändern sich mit den Zeiten. Früher wäre ein Hovawartbesitzer sicherlich mit Anerkennung bedacht worden, wenn er erzählt hätte, wie sein Hund mit dem Fuchs, der sich in die Scheune schlich, kurzen Prozeß machte. Heute würde der gleichlautende Bericht sicher bewirken, daß sich die aufmerksamen Zuhörer mit Empörung und Grausen abwenden.

Hunde sollen heute lieb sein, nette Freizeitbegleiter, duldsam gegenüber verständnislosen und rücksichtslosen Menschen jeden Alters. Hunde sollen

Der Hovawart ist ein ausnehmend schöner und wohlproportionierter Hund, aber er ist vor allem auch ein anspruchsvoller Hund – der einen Menschen braucht, den er respektiert.

andere Geschöpfe lieben und vergessen, daß ihr Instinkt diese als Beutetiere identifiziert. Hunde sollen die Straßenverkehrsordnung kennen, damit man sie nicht ständig an der Leine führen muß. Hunde sollen sich in uns Menschen einfühlen, damit sie von sich aus wissen, was wir wünschen. Hunde sollen dasein, wenn wir sie brauchen, und unauffällig werden, wenn uns etwas anderes interessiert. Und wenn uns dann einmal ein Verbrecher bedroht, soll sich unser engelsgleicher Hund in den drohenden, kämpfenden und beschützenden hovawart verwandeln und uns retten.

Die mittelalterlichen Hofwärter hatten ein ziemlich schweres Leben. Der moderne Hovawart und seine Vettern von den anderen Rassen haben es heute aber wahrlich auch nicht leicht. Wir haben in ihnen wehrhafte Hunde und nach Dominanz strebende Hunde und möchten eigentlich, daß sie nur in Notfällen so sind, wie sie sind. Ansonsten sollen sie der nette unauffällige Begleithund sein. »Beißt der Hund?« war eine Frage, auf die ein anständiger Hundebesitzer früher nur eine Antwort kannte: »Klar!« Heute beeilt sich jeder sofort zu versichern, daß dem nicht so ist. Früher wichen sich die Besitzer großer Hunde meist aus oder versuchten von Ferne zu klären, ob ein Kontakt möglich ist. Heute gehen überall große Gruppen Menschen und Hunde (aller Rassen) zusammen spazieren. Freundschaft, Spiel und Spaß sind angesagt, aggressive Hunde sind unerwünscht und werden mit Verachtung gestraft.

Früher sah man im Hund den Untertan, heute versteht man ihn als heißgeliebten Partner. Der Zeitgeist ändert sich, auch in Beziehung auf die Art der Hundehaltung und auf die Art der Hundehalter untereinander und zur Gesellschaft hin.

Das wäre an sich nichts Schlimmes oder Bedenkliches, solange den Hunden und ihren Anlagen und Bedürfnissen damit kein Unrecht geschieht. Genau diese werden aber oft ignoriert, obwohl wir wohl noch zu keiner Zeit so viel über Hunde wußten wie heute.

Heute werden oft alle Rassehunde über einen einzigen Kamm geschoren: Das Aussehen und die Größe scheinen die einzigen Auswahlgesichtspunkte zu sein. Gefällt mir, kauf' ich! Aber auch wenn sich unsere Gesellschaft von den autoritären Strukturen des beginnenden zwanzigsten Jahrhunderts weit entfernt hat, die Hunde haben sich nicht grundsätzlich verändert. Sie sind immer noch Hunde mit arttypischen Verhaltensweisen und mit rassetypischen Besonderheiten.

Dieses Buch zeigt Ihnen, was das Besondere am Hovawart ist. Ich versuche ihn so zu beschreiben, daß Sie sich ein möglichst lebendiges und authentisches Bild von ihm machen können.

Ich hoffe, daß Sie mit diesem Buch zu einer guten Entscheidung kommen. Wenn Sie sich für einen Hovawart entscheiden, dann wünsche ich Ihnen von Herzen, daß Sie so viel Freude, so viel kreativen Streß und so viel Spaß und Zufriedenheit mit ihm haben, wie ich derzeit mit meiner Nessy erleben darf.

Ein Hovawart zieht ein

Ein Hovawart zieht ein

20 ▶ Vorher planen	29 ▶ Die hundegerechte Wohnung
22 ▶ Gütesiegel VDH	30 ▶ Der Heimweg
23 ▶ Der ideale Züchter	36 ▶ Umgang mit Hunden
25 ▶ Welcher Welpe soll es sein?	37 ▶ Exkursionen in die Umwelt
27 ▶ Hundekauf ist Adoption	40 ▶ Wann ist er erwachsen?

▶ Vorher planen

Ein Hovawart ist ein ganz wundervoller Hund. Ein Prachtkerl in all seinen Farbschlägen. Was sollte eigentlich dagegen sprechen, daß gerade Sie einen dieser Prachtkerle oder Pfundsmädchen zu sich ins Haus holen? Dagegen kann eigentlich nur eines sprechen, nämlich Sie oder Ihre Lebensbedingungen. Bevor Sie sich also auf eine Lebensgemeinschaft mit einem Hovawart einlassen, sollten Sie vor allem sich selbst kritisch prüfen. Es ist gar nicht selten, daß ein Hovawart 14, 15 Jahre alt wird. Er stellt in jedem Lebensabschnitt hohe Anforderungen an Sie, also unterziehen Sie sich zuallererst einer genauen Gewissensprüfung.

PASSEN SIE ZU EINEM HOVAWART? ▶

* Ihre Familie freut sich auf den Hovawart und unterstützt Sie in allen (Hunde-)Dingen.
* Ihr Mietvertrag gestattet Hundehaltung ausdrücklich.
* Sie können es gut ertragen, daß große schmutzige Pfotenabdrücke überall im Haus zu sehen sind.
* Wenn Ihre eitle Hovawarthündin sich eben mal kurz in frisch ausgebrachter Gülle »parfümiert« hat, bekommen Sie keinen Nervenzusammenbruch und nur mäßigen Brechreiz beim Säubern.
* Sie sind entschlossen, täglich mit Ihrem Hovawart zu arbeiten, je nach Alter und Leistungsstand.
* Sie haben Spaß daran, etwas mit Ihrem Hovawart zusammen zu machen, aber Sie sehen den Hund nicht als Mittel zum Zweck.
* Wenn Ihr Hovawart nach perfekter Vorbereitung dann bei der Prüfung so tut, als kenne er die zentrale Übung nicht, sagen Sie: »Ein Hund ist auch bloß ein Mensch!«
* Sie finden, daß Ihre Garderobe ohnehin um mehr sportive Stücke erweitert werden muß.
* Für Sie ist Ihr Auto eine praktische, fahrbare Hundehütte: Haare, Dreckspritzer, Hundekram aller Art auf dem Rücksitz machen Ihnen überhaupt nichts aus. Auch der Hundegeruch, der sich irgendwann im Auto festsetzt, stört Sie nicht.
* Sie gehen davon aus, daß Sie ein ganz ausgezeichneter Rudelchef für Ihren Hovawart sein werden: geduldig, überlegen, cool, konsequent und auf jeden Fall klüger als er. Und Sie sind das von Anfang an, auch wenn der kleine Knuddelhund Sie noch so süß anschaut. Hinter seiner Unschuldsmie-

Zwei Kinder im Spiel. Der Hund wird sicher ein Kinderfreund und Beschützer der Kinder in der Familie. Als Hund für Kinder ist der Hovawart aber nicht geeignet, dazu ist er zu groß und zu stark.

ne – das wissen Sie – steckt neben Zuneigung auch coole Berechnung, wie weit er gehen kann.
* Sie wissen, daß Hovawarthunde sehr an ihren Menschen hängen, und planen ihre künftigen Urlaube entsprechend.
* Sie wissen, daß Ihr Hovawart der Boß sein wird, wenn Sie es nicht sind, und handeln entsprechend.
* Sie haben Geduld und Temperament, sind stark und humorvoll, Sie sind gern draußen und bewegen sich gern, reagieren schnell und sind im doppelten Sinn standfest.
* Sie wissen, daß alle Angaben in Ratgebern über den täglichen Zeitbedarf für einen Hovawart zu knapp bemessen sind. Sie sorgen dafür, daß Ihr Hovawart tatsächlich an Ihrer Seite leben kann; regelmäßig mehr als eine vierstündige tägliche Abwesenheit seiner Menschen ist dem Hovawart gegenüber nicht fair.
* Sie haben für Notfälle einen »Paten«, der Ihren Hovawart betreut, falls Sie oder Ihre Familie einmal nicht zur Verfügung stehen.
* Sie wissen, daß Sie mit Ihrem Hovawart auch Verantwortung für andere Hunde und für das Ansehen aller Hunde übernehmen. Sie wollen deshalb Ihren Hovawart ganz besonders gut auf den Umgang mit anderen Hunden prägen.
* Sie wissen, daß der moderne Hovawart keinen Gutshof als Lebensraum braucht, aber etwas Raum benötigt so ein großer Hund schon. Ein Garten ist für ihn und für Sie ausgesprochen angenehm und nützlich. Zwingerhaltung dagegen halten Sie für hundefeindlich.
* Sie wissen aber auch, daß Ihr Garten kein Ersatz für Auslauf, Beschäftigung und Bewegungsangebote ist.
* Sie können sich Tierarzt, Versicherung, Steuer, Futter, Spielzeug usw. wirklich leisten.

Sie wollen trotzdem unbedingt einen Hovawart? Dann wünsche ich Ihnen recht viel Glück! Ihr Hovawart will Sie auch, er will Sie auch unbedingt! Ihr Welpe wird Sie spontan lieben, aber er wird Sie genauso cool auf Ihre Fähigkeiten als seinen Chef abchecken. Wenn Sie seinen Ansprüchen genügen, haben Sie einen der besten Freunde, die Sie kriegen können.

Suchen Sie sich Ihren Hovawart aber nicht in irgendwelchen Kleinanzeigen mit vollmundigen Anpreisungen. Suchen Sie ihn dort, wo man sich ihm genauso verschrieben hat, wie Sie sich ihm verschreiben wollen. Suchen Sie Ihren Hund nirgendwo anders als im VDH und dessen Rassezuchtvereinen.

▶ Gütesiegel VDH

Sie denken jetzt vielleicht, diese Vereinsmeierei auch bei Hunden, die brauchen Sie nicht. Sie möchten einfach einen netten, gesunden Hund, der so aussieht wie ein Hovawart. Das wollen die meisten. Nur, damit Ihr Hund so aussieht und charakterlich so ist, wie ein Hovawart sein sollte, dafür ist jede Menge Sachkunde und Erfahrung nötig. Es reicht nicht, zwei Hovawarthunde einfach heiraten zu lassen. Das ist keine Zucht, sondern gedankenlose Vermehrung.

Zucht sollte darauf abzielen, den Nachwuchs im Wesen, in der Gesundheit und im Aussehen mindestens so gut, wenn nicht besser zu machen als die Eltern. Deshalb muß man sich bei den Vorfahren auskennen, deshalb muß man kontrollieren, daß nur gesunde Tiere in die Zucht kommen, und bestimmte Richtlinien auch für die Züchter und die Aufzucht aufstellen.

> **Beratung**
>
> Bei den Geschäftsstellen und Welpenvermittlungen der Hovawartvereine vermittelt man Ihnen gern auch einen älteren Hund. Bei Hovawarthunden ist aber das Angebot und die Nachfrage nach älteren Tieren selten. Erwachsene Hovawarthunde müssen manchmal den Besitzer wechseln, weil dessen familiäre Umstände sich ändern oder weil dieser vielleicht nicht mit einem Hovawart zu Rande kommt. Lassen Sie sich genau beraten, die Übernahme eines erwachsenen Hundes ist keineswegs einfacher als das Aufziehen, Erziehen und Ausbilden eines Hovawarts.

In Deutschland gibt es nur einen seriösen Dachverband der Hundezucht- und Hundesportvereine. Es ist der VDH (Verband für das Deutsche Hundewesen). Er stellt für die Rassehundezucht verbindliche Richtlinien auf und kontrolliert deren Umsetzung. Der deutsche Dachverband ist Mitglied im Weltverband FCI (Fédération Cynologique Internationale).

Kaufen Sie niemals einen Hund, gleich welcher Rasse, der nicht VDH-Papiere oder – wenn Sie im Ausland kaufen – entsprechende Papiere von FCI-Mitgliedsverbänden hat.

Unterstützen Sie keinesfalls die unkontrollierte Hundevermehrung, die andere sogenannte Hundezuchtverbände oder gar die abscheulichen Hundehändler betreiben. Lassen Sie sich nicht von farbenprächtigen Ahnentafeln und

Andere Haustiere, besonders Katzen, akzeptiert der Hovawart schnell, und wie man sieht, können innige Freundschaften entstehen. Fremde Katzen allerdings...

prunkvollen anderen Nachweisen ablenken.

GUTER RAT IST NICHT TEUER ▶ Rassezuchtvereine im VDH stehen Interessenten mit Rat und Tat zur Seite. Lange vor der eigentlichen Kaufentscheidung findet man Rat bei der Grundsatzfrage, paßt ein Hovawart zu mir, passe ich zu ihm? Der Verein begleitet Sie auch bei der Suche nach einem Züchter.

Im VDH gibt es drei Rassezuchtvereine für Hovawarthunde. Ich selbst bin Mitglied im größten Hovawartverein des VDH, dem »RZV (Rassezuchtverein) für Hovawarthunde«. Der RZV bietet seinen Mitgliedern bundesweit in 12 Landesgruppen sogar noch Ausbildungsmöglichkeiten, die anfangen beim Welpentreff für die Kleinsten und bis zu Bundesleistungsprüfungen im Schutzhunde- und Fährtenhundebereich führen können. Natürlich bieten die Vereine Ihnen auch die Möglichkeit, Ihren Hund auszustellen, also, ihn auf seine Übereinstimmung mit dem Standard der Hovawarthunde zu überprüfen, und mit ihm zu züchten, aber dazu später. Ihr Rassezuchtverein will die Rasse erhalten und verbessern sowie die Halter in allen Fragen unterstützen.

Kontakt zu Ihrem Rassezuchtverein bekommen Sie über die Adressen, die Sie hier im Buch finden.

Die Welpenvermittlung oder die Geschäftsstellen schicken Ihnen eine aktuelle »Welpenliste«, das sind Verzeichnisse der Zwinger, in denen Welpen erwartet werden oder in denen derzeit noch Welpen abgegeben werden.

▶ **Der ideale Züchter**
Obwohl der Rassezuchtverein seine Züchter kontrolliert und bestimmte Auflagen für die Aufzucht vorgibt, ist

> **Zwingername**
>
> Zwinger bedeutet bei Hundeleuten keineswegs, daß Hunde in Drahtkäfigen gehalten werden. Zwinger ist das Wort für Zuchtstätte. Der Züchter überlegt sich einen Namen, und das ist dann der Zwingername, der geschützt wird und der quasi der Familienname Ihres Hundes ist.

natürlich nicht jeder Züchter gleich. Im Rahmen der Zuchtbestimmungen gibt es jede Menge unterschiedlicher Auffassungen davon, wie ein guter Hovawart sein sollte, was besonders wichtig ist und wie die Welpen am besten aufgezogen werden.

Ob also ein Züchter zu Ihnen paßt, das müssen Sie selbst herausfinden, dabei kann Ihnen keine Welpenvermittlungsstelle helfen. Besuchen Sie möglichst verschiedene Züchter, und machen Sie sich ein Bild von ihnen und ihren Hunden.

Der Züchter hat den größten Einfluß darauf, wie Ihr Welpe später sein wird. Er wählt den Rüden aus und entscheidet damit schon mal, was väterlicherseits an Aussehen, Verhalten und Gesundheit beigesteuert werden soll. Der Zuchtwart des Rassezuchtvereins berät ihn zwar und erlaubt bestimmte Paarungen gegebenenfalls nicht, aber der Hündinnenbesitzer hat immer noch die Wahl zwischen verschiedenen Alternativen. Der Züchter hat die Hündin und kennt sie, er kann Ihnen schon allein von daher mit aller Vorsicht prognostizieren, wie deren Welpen sein könnten. Der Züchter gestaltet den Lebensraum und die Erfahrungen der Welpen in den ersten acht Lebenswochen wesentlich mit. Je nachdem, wie er seinen Welpen die Welt zeigt, haben Sie es nachher leichter oder schwerer in der Umwelterziehung.

Die Hündin hat deutlich mehr Einfluß auf die Welpen als der Rüde. Hündinnen sind in aller Regel alleinerziehende Mütter. Sie sind das Vorbild ihrer Welpen und sie prägen sie auch im Verhalten. Es ist also schon aufschlußreich, sich diese wichtige Persönlichkeit für Ihren Welpen ganz genau anzusehen.

BERATUNG BEIM ZÜCHTER ▶ Wenn Sie ernsthaftes Kaufinteresse äußern, wird jeder verantwortungsbewußte Hovawartzüchter Sie einer genauen Prüfung unterziehen. Seine Welpen bedeuten ihm viel, er will sie nur in die besten Hände abgeben. Wer einen großen, wehrhaften, temperamentvollen und in vielerlei Weise begabten Hund zu sich holt, sollte der Verantwortung auch gerecht werden können, die er damit übernimmt.

Der Züchter wird Sie nach den äußeren Bedingungen fragen, unter denen

> **TIP**
>
> *Gute Zuchtstätten erkennen Sie nicht zuletzt daran, daß die Ausläufe der Welpen richtigen Abenteuerspielplätzen für Hunde gleichen. Blitzsaubere, aufgeräumte Zwinger (Käfige) sollten Sie immer mißtrauisch machen. Je reizloser die Umgebung des Welpen, desto »wilder« ist Ihr Hund, und desto mehr Arbeit haben Sie später damit, ihn selbstbewußt, umweltsicher und menschenfreundlich zu mathen.*

der Hovawart bei Ihnen leben wird. Er wird Sie nach Ihren Lebensverhältnissen fragen. Nehmen Sie ihm das nicht übel. Im Gegenteil: An der Art, wie kritisch und wie eingehend sich der Züchter ein Bild von Ihnen machen will, erkennen Sie meist geradezu seine Qualität. Er muß wissen, ob Sie von Ihren Lebensbedingungen, Ihrem Wissen, Ihrer Einstellung und nicht zuletzt von Ihrer Lernbereitschaft her in der Lage sind, dem Hovawart ein guter Chef zu sein.

Helfen Sie dem Züchter also aktiv, sich ein solches Bild von Ihnen zu machen. Das hat nämlich auch noch den weiteren Vorteil, daß er Sie dann besser bei der Wahl des geeigneten Welpen unterstützen kann.

> **Stürmische Begrüßung**
>
> Was in allgemeinen Hundebüchern als Empfehlung steht, ist für Hovawartwelpen im Rassezuchtverein eine Selbstverständlichkeit: Sie werden Sie bei Ihrem Besuch stürmisch begrüßen, sofern sie schon laufen können. Sie sind munter – falls sie nicht gerade ein Verdauungsschläfchen machen –, ganz offensichtlich gesund und so zutraulich, daß es Ihnen anfangs vielleicht fast zuviel des Guten ist.

▶ Welcher Welpe soll es sein?

Obwohl alle Welpen eines Wurfs dieselben Eltern haben, gleichen sie sich weder äußerlich noch im Wesen. In jedem Wurf gibt es Bosse und Mitläufer, ruhigere und temperamentvollere, das ist von Mutter Natur auch so gewollt. Würden unsere Hovawarthunde sich nämlich mit Frau Mama selbständig machen wollen als freie Wildhunde, brauchte man in einem Rudel für das Überleben alle möglichen Begabungen: den Draufgänger, der bedenkenlos auch mal in eine gefährliche Situation geht, für das Rudel damit eine Schutzfunktion übernimmt (und dabei vielleicht auch stirbt), den ruhigen Arbeiter, der für viele Aufgaben einsetzbar ist, keinen großen Ehrgeiz entwickelt, aber für die Stabilität des Rudels und den Alltag unverzichtbar ist, und man braucht auch den ängstlichen, vorsichtigen Typ, der Gefahren schnell erkennt und anzeigt.

Welcher Welpe eher welchem Typ ähnelt, weiß der Züchter ganz genau. Seine Welpen kennt er fast genauso gut, wie es die Mutterhündin tut. Vertrauen Sie also seinem Rat, wenn er Ihnen nicht zum Rambo, sondern zur Rosy rät.

Hovawarthunde gibt es in den erwähnten drei Farbschlägen, und oft gibt es auch alle drei Farbschläge in einem Wurf. Wenn Sie vielleicht irgendwo gelesen haben, daß sich der Charakter der Hunde nach den Farben unterscheidet, vergessen Sie es gleich wieder.
Die rein schwarzen Hovawarthunde sind eher selten.

Blonde Hovawarthunde haben mehr und feinere Unterwolle. Sie sehen größer aus, wirken durch die helle Farbe freundlicher. Blonde Hunde dunkeln in ihrer Entwicklung meist nach. Aufhellungen – ähnlich wie die Marken der Dunklen – sind aber erwünscht.

Die markenfarbenen Hovawarthunde sind die häufigsten. Ansatz und Ausprägung der Marken entwickeln sich erst. Sie müssen später standardgerecht sein, das heißt, sie müssen in Farbe und

Ausdehnung den Vorschriften entsprechen, sonst darf so ein Hund nicht in die Zucht. Wenn Sie nicht züchten möchten und wenn Ihnen gerade so ein Markenwelpe gefällt, der gar keine Marken am Köpfchen hat, entscheiden Sie sich ruhig für ihn.

Viele Interessenten überlegen sich ausführlich, welche Farbe ihr Hovawart haben soll. Legen Sie sich da besser nicht fest. Jede Farbe kleidet einen Hovawart. Viel wichtiger als die Fellfarbe ist das Wesen und das Geschlecht. Ihr Züchter kennt seine Pappenheimer und wird, gemeinsam mit Ihnen, den Welpen auswählen, der zu Ihnen und Ihren Lebensbedingungen am besten paßt.

> **Preise**
>
> Der Preis für einen Welpen liegt derzeit im RZV zwischen 1600 Mark und 1800 Mark. Dazu kommen noch: Grundausstattung (zwischen 200.– DM und »unendlich«), Tierarztkosten im ersten Jahr (ca. 300.– DM wegen der Impfungen), Versicherung und Steuern (ab 250.– DM aufwärts, je nach Versicherungsgesellschaft bzw. Gemeinde) und nicht zuletzt Futter, Kau- und Spielzeug (ab 150.– DM monatlich).

RÜDE ODER HÜNDIN? ▶ Ob Rüde oder Hündin ist für jeden leicht erkennbar allein durch die äußere Erscheinungsform. Der Rüde ist deutlich größer (fünf bis zehn Zentimeter können das sein) und eindrucksvoller. Der größte Unterschied besteht in ihrem Wesen. Die Läufigkeit, die oft als wichtigster Unterschied genannt wird, ist dagegen eine Bagatelle. Hovawarthündinnen werden zwischen dem 9. und 14. Lebensmonat das erstemal läufig und dann immer wieder in einem persönlichen Zyklus, der bei den meisten 6 bis 8 Monate beträgt. Sie halten sich selbst sehr sauber, und oftmals wird die erste Läufigkeit von den Besitzern erst am Verhalten des männlichen Nachbarhundes entdeckt. Eine ungewollte Schwangerschaft muß es bei der heutigen Hundehaltung und beim derzeitigen Stand der Tiermedizin auch nicht geben. Unter der Läufigkeit leiden nur manchmal die Hundesportler, die während dieser Zeit auf die Teilnahme an Turnieren und Wettkämpfen verzichten müssen.

Der Hovawartrüde fordert Ihre ganze Kompetenz und Konsequenz als Rudelchef. Vor allem der pubertierende junge Hund und dann der Entdecker der eigenen Männlichkeit stellen Sie ganz schön auf die Probe. Der Hovawartrüde stellt sich gern und entschieden jeder Herausforderung seiner Männlichkeit. Ihr Hovawartrüde will von Ihnen Führung und Anleitung. Er will von Ihnen vor allem aber einen Job. Wenn Sie ihm das bieten können, haben Sie in ihm einen wunderbaren Freund. Wenn nicht, dann lassen Sie die Finger von Rüden.

Die Hovawarthündin neigt weniger zur Dominanz, wenigstens nicht zur offenen. Sie haben mit ihr ebenfalls einen ausgesprochen selbstbewußten und temperamentvollen Hund. Im Unterschied zum Rüden paßt sie sich aber einfacher in den Sozialverband ein.

Für alle Fälle muß auch darauf hingewiesen werden, daß es ausnahmsweise auch einmal rüdenhafte Hündinnen und hündinnenhafte Rüden geben kann.

▶ Hundekauf ist Adoption

Wenn Sie sich dann mit dem Züchter geeinigt haben, wenn die »Chemie« zwischen Ihnen stimmt, wenn er Ihnen einen Welpen empfohlen hat, kann nach den mündlichen Vereinbarungen auch der schriftliche Kaufvertrag folgen. Obwohl dies alles ein ganz normales Rechtsgeschäft ist, ist das nur die rechtliche Seite des Prozesses. Tatsächlich sollte der Hundekauf immer so etwas wie eine Adoption sein. Mit dem Kauf beginnt auch zwischen Züchter und Käufer eine Beziehung, die manchmal zu einer richtigen Dreiecksgeschichte wird, die ein Hundeleben und länger dauert. Fast alle Hovawartzüchter bleiben an ihren Welpen interessiert und freuen sich über Berichte, Fotos und Besuche. Die meisten Züchter bleiben für ihre Käufer immer auch die wichtigsten Ansprechpartner und Ratgeber.

Unterschreiben Sie Ihren Vertrag, aber seien Sie sich bewußt, daß Sie damit nicht eine Sache erwerben, sondern ein Lebewesen, daß Sie sich damit zu Ihrer Verantwortung bekennen, ein Hundeleben lang dafür zu sorgen, daß Ihr Hovawart hundegerecht leben kann, daß er seine rassespezifischen Anlagen entwickeln und daß er sich auf Sie unter allen Umständen verlassen kann, bis zuletzt!

RECHTE UND PFLICHTEN ▶ Trotzdem gibt es bei der Übergabe des Welpen einige rechtliche Dinge, die wichtig sind. Der Kaufvertrag ist vom Verein standardisiert.

Der Kaufvertrag enthält neben dem Kaufpreis Angaben über den Hund, seinen Züchter und den Käufer. Unter anderem verpflichtet sich der Käufer, seinen Hovawart nur im VDH zu Zuchtzwecken einzusetzen. Wichtiger noch ist, daß jeder Käufer sich verpflichtet, seinen Hund einmal bei einer Nachzuchtveranstaltung des Rassezuchtvereins vorzustellen und ihn – nach Vollendung des 12. Lebensmonats (am besten nach dem 14. Lebensmonat) – auf HD röntgen zu lassen.

Über Nachzuchtbeurteilungen machen sich die Zuchtveranwortlichen ein Bild von der Qualität der Zuchttiere. Sie sind stolz und zufrieden mit Ihrem Hovawart? So sollte es auch anderen gehen, und damit dies gelingt, sollten Sie die Nachzuchtbeurteilung und das Röntgen der Hüften unbedingt machen.

PAPIERE ▶ Mit Ihrem Exemplar des Kaufvertrages erhalten Sie auch ein Blatt mit den Ergebnissen des Welpentests, den der Zuchtwart des Rassezuchtvereins mit jedem Welpen in dessen achter Lebenswoche durchführt. Außerdem erhalten Sie das Protokoll der Wurfabnahme, aus dem Sie ersehen, wie der Zucht-

Eine Glanzleistung: vier ausgeschlafene Welpen für einige Minuten zum Stillhalten für das Foto zu bewegen. Man sieht hier schön: Wer die Wahl hat, hat die Qual.

▶ Die Umgebung sichern

☐ Offene Treppen und Balkone durch Gitter oder Maschendraht sichern.

☐ Zäunen Sie Ihr Grundstück ein, falls Sie das noch nicht getan haben – eine hübsche Hecke reicht nicht!

☐ Grundstück, Gartenteich, Pool und alle Bereiche des Gartens, in die der Welpe nicht soll, einzäunen bzw. abdecken.

☐ Bodennahe Steckdosen mit Kindersicherungen versehen, elektrische Kabel welpensicher anbringen (z. B. höher legen).

☐ Keine wertvollen Bücher oder Dokumente in den unteren Regalfächern des Bücherschrankes lassen (vorerst wenigstens!).

☐ Kleinteile, die für den Welpen erreichbar sind und von ihm verschluckt werden können, wegpacken.

☐ Türen evtl. so sichern, daß Welpen sich nicht einklemmen können.

☐ Reinigungsmittel, Medikamente u. ä. für Welpen unerreichbar aufbewahren.

☐ Überhaupt keine giftigen oder ätzenden Putzmittel oder Handwerksmittel verwenden.

☐ Haus- und Gartenpflanzen auf Giftigkeit prüfen und entsprechende Vorkehrungen treffen.

wart Ihren Welpen beurteilt und welche eventuellen Mängel er entdeckt hat.

Wenn Sie den Welpen abholen, bekommen Sie neben dem Impfpaß, einer Welpenbroschüre des Vereins und einer Fütterungsanleitung des Züchters auch die Ahnentafel Ihres Hovawarts. Sie ist ein gültiger Abstammungsnachweis, eine Art Auszug aus dem Familienbuch der Hovawarthunde. Ihr Hund wird mit seiner Zuchtbuchnummer, die ihm einige Tage vor Abholung in die Ohren tätowiert wurde, als anerkanntes Mitglied in der großen Familie der Hovawarthunde aufgenommen. Die Ahnentafel ist eine Art Personalausweis, eine Urkunde, die Sie sorgfältig aufbewahren sollten, auch wenn Sie mit Ihrem Hovawart keine Ambitionen in Sachen Ausstellung und Zucht haben.

Der RZV gibt drei verschiedenfarbige Papiere aus. Die hellgrünen Ahnentafeln sind für Welpen aus der Standardzucht. Daneben gibt es rosa Ahnentafeln der Leistungszucht und rote Ahnentafeln der Kör- und Leistungszucht.

STEUER UND VERSICHERUNG ▶

Ganz unerläßlich ist, daß Sie vor Ankunft des Welpen über eine gültige Hundehaftpflichtversicherung verfügen. Sie können mit dem Abschluß nicht warten, bis Ihr Welpe groß genug ist und (hoffentlich nie) einen anderen Hund oder einen Menschen beißt oder in irgendeiner Weise verletzt oder schädigt. Einen Haftpflichtschaden kann auch Ihr kleiner Spatz ganz schnell verursachen, wenn jemand über ihn stürzt oder wenn er den Orientteppich in der Pizzeria zernagt.

Etwas warten können Sie mit der Anmeldung Ihres Welpen bei Ihrer Gemeinde. Einige Gemeinden gewähren bei bestandener Begleithundeprüfung übrigens einen niedrigeren Steuersatz.

▶ Die hundegerechte Wohnung

Bevor Ihr kleiner Prinz zu Ihnen zieht, sollten Sie zwei Aufgaben erledigt haben. Einmal sollte Ihr Haus und gegebenenfalls Ihr Garten (hovawart-)welpensicher sein, und zum anderen sollten Sie all die Dinge besorgt haben, die der Kleine jetzt braucht.

Sie sollten natürlich auch Dinge sichern oder vorübergehend wegräumen, für die der Welpe eine Gefahrenquelle ist, zum Beispiel den wertvollen Teppich.

Es macht Ihnen sicher Spaß, dann auch noch die Grundausstattung für Ihren Welpen zu besorgen. Ein kleines Lederhalsband in der Größe, die Ihnen der Züchter sagt, genügt für den Anfang. Sie können auch ein praktisches verstellbares Nylonhalsband, ca. zwei Zentimeter breit, kaufen, das »wächst« einige Wochen mit Ihrem Welpen mit. Kaufen Sie keinesfalls ein Leder- oder Kunststoffhalsband mit sogenanntem Zug.

▶ TIP

Denken Sie bitte daran, daß Ihr Welpe fast alles schlucken könnte, was in seinen neugierigen Fang paßt! Ist einmal ein Mißgeschick passiert und ein Fremdkörper verschluckt, lassen Sie sich gleich von Ihrem Tierarzt beraten. Es empfiehlt sich, immer ein Döschen Sauerkraut im Haus zu haben. Das Sauerkraut wickelt sich nämlich um den Fremdkörper und hilft so, ihn schadlos wieder auszuscheiden.

▶ Halsband ab!

Lassen Sie Ihren Welpen möglichst nicht mit anderen Welpen spielen, wenn alle ein Halsband tragen: ausziehen! Welpen verbeißen sich gern in ihren Spielgefährten, ziehen und zerren an ihrem Fell. Wenn sie dabei am »gegnerischen« Halsband oder gar einer Kette mit ihren Zähnchen hängenbleiben, kann das übel ausgehen.

Ob Sie eine Leder- oder eine Nylonleine kaufen, ist reine Geschmacksache. Sie sollte für Ihren kleinen Hovawart etwa einen Meter lang sein. Ganz nützlich ist es auch noch, eine zweite Führleine zu kaufen, die Sie mit verschiedenen Ringen auf Längen zwischen ein und zwei Meter verlängern können. Achten Sie darauf, daß die Leinen stabile Karabiner haben.

Sie sollten natürlich Futter bereithalten und Futter- und Wassernapf schon haben. Anfangs füttern Sie am besten dasselbe Futter wie der Züchter, um die Umstellung zu erleichtern. Gerade bei dem schnell wachsenden Hovawart sind Futterständer, die höhenverstellbare Näpfe haben, recht empfehlenswert für das Gebäude und seine Entwicklung beim jungen Hund. Ihr Hund kann so immer entspannt und recht komfortabel speisen.

Kamm und Bürste brauchen Sie ebenfalls. Vorbereiten sollten Sie auch einige nicht mehr benötigte Frotteehandtücher und Lappen zum Rubbeln. Alte Lappen eignen sich auch herrlich für alle möglichen Spiele.

Eine Zeckenzange sollten Sie für alle Fälle bereithalten.

Falls Sie damit arbeiten wollen, brauchen Sie auch eine Hundepfeife aus Horn oder Kunststoff.

Außerdem braucht Ihr Welpe natürlich ein Bett. Dabei denke ich nicht an das teuerste Kuschelbettchen. Eine geräumige, mit Decken weich ausgepolsterte Bananenschachtel (ohne Heftklammern oder andere Dinge, an denen sich der Welpe verletzen kann) wird von Ihrem Welpen als Bett sehr geschätzt. Viele Hovawarthunde mögen auch Kissen. Ihr Hovawart wird Ihnen schon zeigen, wie er es gern gemütlich hat. Besorgen Sie – wenn er auf das Sofa darf – auch gleich die Hovawartsofadecke. Im Zoofachhandel gibt es praktische Decken in unterschiedlicher Größe und Farbe, die gut waschbar und preiswert sind. Wenn Sie eine große Wohnung haben, können Sie verschiedene Eckchen oder Plätzchen für Ihren Welpen als Rückzugsmöglichkeiten vorsehen. Sein Nachtschlafplatz sollte aber in Ihrem Schlafzimmer sein.

Auch wenn Sie das vielleicht albern finden – ein Plüschtier, etwa in der Größe Ihres Welpen oder größer, wird ihm eine ganz große Freude bereiten. Er wird an seinen »Teddy« geschmiegt schlafen, er wird ihn packen und schütteln, wird mit ihm spielen. Das Plüschtier kann auch beim Welpen einen Teil Geschwisterfunktion übernehmen.

Spielsachen können gar nicht genug dasein. Sie regen die Phantasie Ihres Welpen an, fordern seine Geschicklichkeit heraus und helfen seine Intelligenz zu entwickeln. Sie müssen bei Bällen und Ringen, bei Hanteln und Reifen aber immer schauen, daß sie Ihrem Welpen nicht gefährlich werden. Hovawartmilchzähne sind ausgesprochen kräftig. Schnell ist ein Stück Plastik abgebissen und verschluckt.

> **TIP**
> *Spielzeug darf nie so klein sein, daß Ihr Welpe es schlucken könnte! Das gilt übrigens auch für die Plastiknase und die Plastikaugen seines Plüschtiers. Diese müssen Sie gegebenenfalls entfernen.*

Fressen, Schlafen, Spielen, Pflegen, dafür müssen Sie die »Ausrüstung« parat haben, Halsband und Leine dazu, und Sie sind vorbereitet.

Der Heimweg

Obwohl Hovawartwelpen meist keinerlei Probleme auf der Fahrt in ihr neues Zuhause machen, ist es besser, Sie sorgen vor. Eine Rolle Küchenkrepp und eine Plastiktüte sollte man schon dabeihaben, falls dem Welpen doch aus irgendwelchen Gründen schlecht wird. Halsband und Leine sollten Sie auch einpacken und eine Flasche Wasser und einen Napf ebenfalls. Ihr Züchter wird den Welpen nicht gerade gefüttert haben, wenn Sie ihn abholen.

Wenn es eine sehr lange Autofahrt ist, dann planen Sie bitte schon vorher, wo Sie Rast machen können.

Man sagt, daß Welpen sich ganz besonders eng demjenigen anschließen, auf dessen Schoß sie vom Welpenrudel geholt wurden. Vielleicht ist das eine der vielen Hundelegenden. Sie sollten es sich jedenfalls nicht nehmen lassen, diese erste gemeinsame Fahrt mit Ihrem Hundchen zusammen auf dem Rücksitz zu genießen. Vergessen Sie all die albernen Ratschläge in veralteten

Gemeinsam mit den Geschwistern geübt, wird Autofahren zur lebenslangen Leidenschaft des Hovawarts. Was der Züchter hier vorbereitet hat, brauchen Sie nur fortzuführen.

Hundebüchern, nach denen der Welpe im Fußraum des Beifahrers befördert werden soll, und ähnlichen Unsinn. Packen Sie Ihren Welpen auch nicht in den Laderaum Ihres Kombis, wenn Sie nicht wollen, daß er lernt, das Autofahren zu verabscheuen. Ihr Hovawart ist Ihr Freund an Ihrer Seite, das soll er von Anfang an merken.

Die meisten Züchter haben ihren Welpen schon mal Autoerfahrungen ermöglicht.

AB JETZT ÄNDERT SICH IHR LEBEN ▶
Was immer Sie sich vielleicht vorgestellt haben über Ihr gemeinsames Leben mit Ihrem neuen Freund – vergessen Sie es! Klein-Hovi wird ziemlich schnell und gründlich Ihr Leben verändern. Ein Hovawartwelpe kostet Nerven, beansprucht Ihre Aufmerksamkeit, fordert Ihre Phantasie, Ihre Führungsqualitäten und natürlich auch Ihre Lachmuskeln. Auf jeden Fall haben Sie einige ausgesprochen anstrengende Wochen vor sich. Richten Sie sich darauf ein, und seien Sie vorbereitet, denn die ersten acht Wochen bei Ihnen legen in mehrerlei Hinsicht den Grundstein für ein harmonisches gemeinsames Leben.

GUT GEPRÄGT IST HALB GEWONNEN
Die Verhaltensforscher sprechen von der 4. bis zur 16. Lebenswoche von der Prägephase. Das ist ein bildhafter Ausdruck dafür, daß alles, was der kleine Hund bis dahin erlebt, ihn prägt, wie ein Stempel einer Münze ihr Aussehen gibt. Natürlich lernt Ihr Hund sein ganzes Leben lang, täte er das nicht, könnte er kaum überleben. Aber dieses Lernen erfolgt nie mehr in seinem Leben so leicht, so schnell und so nachhaltig wie eben jetzt. Nie mehr kann er so viel lernen, und nie mehr wird er es bereitwilliger tun.

Da ein großer Teil dieser Prägephase beim Züchter abläuft, bestimmt er wesentlich darüber mit, was später für ein Hund aus dem Hundchen wird. Dort hat Klein-Arko schon viele verschiedene Menschen gesehen/gerochen, dort ist er Auto gefahren, dort hat er Radio, Fernseher, das Telefon und das Quietschen des Faxgerätes kennengelernt. Er weiß, daß der Staubsauger kein Ungeheuer ist, sondern nur eines der vielen unerklärlichen Geräte, mit denen Menschen unverständliche Dinge tun, um die man sich als weltgewandter Hund aber nicht weiter zu scheren braucht. Knallen und Rasseln, Klappern und Getöse – gute Züchter stellen das absichtlich her. Sie tun eine Menge, damit ihre Welpen auf unsere laute, manchmal für sie erschreckende Umwelt vorbereitet sind. Solche Welpen sind ein Leben lang schwer zu beeindrucken von Lärm und anderem »Menschenkram«.

Was der gute Züchter begonnen hat, müssen Sie fortsetzen. Sie haben nur noch wenig Zeit – acht Wochen, die Sie unbedingt nutzen sollten.

Also machen Sie – vor Ankunft des Welpen – eine Art Lehrplan für sich und Ihren neuen Freund. Überlegen Sie: Was soll er können? Was soll er kennen(lernen)? Welche Erfahrungen soll er machen?

DIE EINGEWÖHNUNG ▶ Stellen Sie sich vor, was dem kleinen Kerl da zugemutet wird: Er wird zu einem Zeitpunkt aus dem Rudelverband gerissen, der in der Natur seinen Tod als unweigerliche Konsequenz hätte. Wir nehmen ihn weg von Geschwistern und Mutter, von seinen Artgenossen, die bisher seine Welt bestimmt haben, mit denen zusammen er gespielt, gelernt, gefressen und geschlafen hat, bei denen er sich sicher gefühlt hat.

> **Welpen müssen spielen**
>
> Wir gehen davon aus, daß mit der Abgabe nach der achten Lebenswoche der Welpe ganz besonders gut in seine neue Familie einzuordnen ist. Wir beschneiden ihm damit aber eine wichtige Entwicklung, nämlich das Erlernen einer erfolgreichen Auseinandersetzung mit seinen Geschwistern. Die Verhaltensforscher nennen das Rudelordnungsphase. Als kleinen, aber unerläßlichen Geschwisterersatz sollten wir unserem Welpen deshalb Spielmöglichkeiten mit anderen Welpen bieten.

Es ist immer wieder beeindruckend, wie gelassen Hovawarthunde die Übernahme in ihre neue Familie wegstecken, mit wieviel Vertrauen sie sich in unsere Hände geben. Es ist nur recht und billig, daß Sie sich bemühen, dieses Vertrauen zu rechtfertigen. Also zeigen Sie dem Welpen, daß er einen guten Tausch gemacht hat. Dazu gehört, daß Sie ihm von Anfang an Sicherheit geben: Machen Sie ihm die Spielregeln des Zusammenlebens mit Ihnen klar, und halten Sie sich dann bitte auch selbst daran.

REGELN AUFSTELLEN UND EINHALTEN ▶ Falls Sie es Ihrem Hund erlauben möchten, auf Sessel und Sofa Platz zu nehmen, sprechen nur zwei praktische Gründe dagegen. Erstens haben Sie später neben dem ausgewachsenen Hovawart möglicherweise keinen Platz mehr auf der Couch, und zweitens wird

Ihr Hovawart auch bei Erbtante Emma auf das Sofa steigen, wenn Sie dort zu Besuch sind. Falls Sie einen »Sofawart« haben wollen, ist es am besten, wenn Sie Ihrem Welpen beibringen, daß er nur auf die Sofaecke darf, wo eine spezielle Decke liegt.

TIP
Sofa und Bett, Küche und Bad, was ist in Haus und Garten tabu, womit darf er spielen, welche Hörzeichen wollen Sie verwenden – all das sprechen Sie bitte in der Familie ab und halten es dann auch durch. Sie machen es sich und dem Welpen einfacher, ein problemloses gemeinsames Leben aufzubauen.

Ihr Hovawartwelpe wird auf das Sofa drängen, weil das ein erhabener Platz ist. Und er wird zu Ihnen ins Bett krabbeln, weil das ein ebenso wichtiger Platz ist: der Schlafplatz des Rudelführers! Wären Sie ein Hund, würde der Kleine beim ersten Versuch in hohem Bogen aus dem Bett fliegen wegen dieser Unbotmäßigkeit – aber wir sind ja keine Hunde. Falls Sie es also dulden möchten, daß Ihr Welpe bei Ihnen im Bett schläft, tun Sie es. Sie befinden sich in Gesellschaft der überwiegenden Mehrheit aller Hundehalter. Aber achten Sie bei Ihrem Hovawart unbedingt und unter allen Umständen darauf, daß er stets nach Ihnen unter die Federn schlüpft. Warum? Hovawarthunde sind sehr dominante Hunde und achten stark auf die Rangordnung. Ehe Sie sich versehen, geht Ihr dann halbstarker Rüde davon aus, daß das Bett jetzt sein Platz ist, und läßt Sie nicht mehr rein. Dann haben Sie ein ungefähr 40 Kilo-Durchsetzungsproblem. Also nutzen Sie hier und in vielen anderen Fällen, die ich Ihnen noch zeige, gleich die Möglichkeit, Ihren Rang zu demonstrieren. Ins Bett darf er nur nach Ihnen oder gar nicht!

DEN NAMEN BEIBRINGEN ▶ Spätestens wenn Sie Ihren Welpen holen, muß er einen Rufnamen bekommen. Einen Geburtsnamen hat er natürlich schon.

Wenn Sie schon vor dem Wurftermin Kontakt mit dem Züchter haben, dürfen Sie sich den Namen vielleicht sogar selbst aussuchen, sofern Sie sich an den festgelegten Anfangsbuchstaben halten.

Ein zweisilbiger Name ist ideal, weil Sie ihn einfach besser rufen können.

Ihr Welpe wird nach ein, zwei Tagen wissen, daß er gemeint ist. Benutzen Sie den Namen nur im schmeichelnden, anerkennenden Ton, niemals drohend. Ihr kleiner Hovawart soll seinen Namen immer mit etwas Angenehmem verbinden.

DIE ERSTE NACHT ▶ Auch wenn es in irgendwelchen Hundebüchern anders empfohlen wird: Jeder Welpe und besonders jeder kleine Hovawart gehört zu Ihnen ins Schlafzimmer. Warum? Ganz einfach: Sie haben Mutterstelle an dem Welpen übernommen, als Sie ihn vom Züchter holten. Jeder normal veranlagte Welpe wird die Nähe des Alttieres suchen, vor allem und gerade in der Nacht. In der freien Natur streifen dann viele Beutegreifer auf der Suche nach einem schnellen Abendessen durch die Gegend. Ein Welpe nachts allein ist draußen mit Sicherheit ein toter Welpe. Ihr kleiner Hovawart wird natürlich in Ihrer Küche oder im Flur nicht von einem Luchs ge-

Auf Entdeckungsreise in die Welt der Dinge und Gerüche. Gute Züchter bieten ihren Welpen einen Abenteuerspielplatz als Welpenauslauf.

schlagen. Aber woher soll er das wissen? Sein Instinkt sagt ihm, daß er unbedingt und unter allen Umständen bei Ihnen bleiben muß. Wenn Sie ihn gerade nachts isolieren, begehen Sie einen ganz massiven Vertrauensbruch an dem hoch sozialveranlagten Rudeltier Hund.

Natürlich gibt es Welpen, die auch in der Küche, im Flur oder im Zwinger »groß« geworden sind. Aber Sie wollen ja das Beste für Ihren Hund. Sie wollen ja einen Hund, der eine innige, feste und unverbrüchliche Bindung an Sie entwickelt. Sie wollen einen Hund, der – im Urvertrauen auf Ihren Schutz und auf Ihre Führungsqualitäten – ein wunderbarer Begleiter, selbst in den schwierigsten Situationen wird. Also, dann tun Sie etwas dafür, zeigen Sie ihm, daß er der Hund an Ihrer Seite ist: immer, nicht nur zu bestimmten Zeiten am Tag. Wenn Sie das nicht wollen, dann lassen Sie lieber die Finger von einem Hovawart, er wäre zu schade für jede andere Auffassung von Partnerschaft.

Wenn Sie finden, daß Ihr Hund im Schlafzimmer nichts zu suchen hat, können Sie das machen, aber erst dann, wenn Ihr neuer Freund dies halbwegs verkraftet, also frühestens ab dem siebten Lebensmonat.

Sie schieben dann sein Hundebett einfach immer näher zur Schlafzimmertür, und nach ein, zwei Wochen stellen Sie es vor die Tür. Bis dahin ist Ihr Junghund so selbstbewußt und so sicher, daß er das ohne Probleme verarbeiten wird.

Auch für die Sauberkeitserziehung ist es praktisch, wenn der Welpe nachts bei Ihnen ist. So merken Sie gleich, wenn er unruhig wird.

DIE STUBENREINHEIT ▶ Viele Hundeanfänger sehen das größte Problem darin, einen Hund stubenrein zu machen. Ein großes Problem ist es aber nicht. Diese Aufgabe wird jedenfalls so schnell und so perfekt bewältigt, wie Sie selbst sich dabei einsetzen und wie konsequent Sie dabei sind.

Das Sauberhalten des »Baus« ist ein Instinktverhalten. Jeder Wildhundwelpe wird seine Geschäfte nicht im »Schlafzimmer« machen, sobald er selbständig gehen kann. Mutter Natur kennt schließlich die hygienischen Gefahren besser als jeder Arzt und sorgt über das Instinktwissen dafür, daß Jungtiere entsprechend handeln.

Jeder gute Züchter bietet seinen Welpen die Möglichkeit, ihre Geschäftchen in deutlicher Entfernung zur Wurfkiste zu erledigen. Wenn die Welpen schon gut zu Pfote sind, wird der Züchter sie nach dem Füttern und nach dem Schlafen in den Garten führen und sie loben, wenn sie sich lösen (Kot und Urin absetzen).

Der moderne Hovawart pflegt auch ungewöhnliche Freundschaften. Allerdings hielt diese Freundschaft nicht so lange, wie es sich der Hovawart und vor allem sicher das Schwein gewünscht hätten.

Wenn Sie das einfach genauso machen, ist in drei, vier Wochen die ganze Aufregung vergessen. Also: Nach dem Schlafen, Spielen, Fressen »muß« Ihr kleiner Freund. Am besten tragen Sie ihn raus, dann kann er unterwegs zum Löseplatz keinen »Fehler« machen. Wenn Sie ihm danach stets die Möglichkeit geben, sich zu lösen, und jedesmal seine Tätigkeit mit zustimmenden Lauten begleiten und dabei auch noch das »Losungswort« sagen, kann eigentlich nichts mehr schiefgehen. Auch für das Lösen sollten Sie sich ein Hörzeichen überlegen. Mit welchem Wort auch immer Sie diese Tätigkeit verknüpfen, es muß für den Welpen eine absolut angenehme Erfahrung sein. Löst er sich am erwünschten Platz, wird er begeistert gelobt, tut er es anderswo, wird es von Ihnen ignoriert.

Jeder Welpe »meldet« sich anders, wenn er rausmuß. Manche winseln und rennen zur Tür, das verstehen Menschen am einfachsten. Andere schauen einen nur unverwandt an, wieder andere bekommen Schluckauf oder kratzen an Ihrem Schienbein. Sie beobachten Ihren kleinen Liebling ja ohnehin ständig ganz verliebt, Sie werden bald seine spezielle Art, sich zu melden, verstehen.

Welpen müssen oft nach draußen, sie vespern viel, und Ihre Verdauungseinrichtungen sind verhältnismäßig klein. Deshalb müssen sie in der ersten Zeit auch manchmal nachts raus. Das ist kaum ein Problem, da Sie Ihren Welpen ja neben Ihrem Bett haben.

Schimpfen Sie bloß nicht, wenn trotz Ihrer Aufmerksamkeit eben doch einmal ein Mißgeschick passiert. Ihr Welpe nimmt sonst an, Sie schimpfen, weil er sich gelöst hat. Er wird nicht verstehen, daß Sie nur den Platz kritisieren, an dem dies stattfindet. Also keine großen Worte machen, wenn es »indoor« geschieht.

▶ Umgang mit Hunden

Viel mehr Gedanken als über die Stubenreinheit sollten Sie sich darüber machen, wo Sie einen guten Welpentreff in Ihrer Nähe haben. Sie haben Ihren kleinen Welpen ja zu einem Zeitpunkt von seinen Geschwistern weggenommen, in dem er gerade angefangen hat, zu lernen, wie man sich unter Hunden verständigt, wie man Probleme klärt, wie man sich wehrt und wann man nachgeben muß.

Hunde müssen nämlich die »Hundesprache« in großen Teilen ebenso erlernen wie unsere Babys unsere Sprache. Ein Welpe, dem man den Kontakt zu anderen Hunden abschneidet, wird ein verhaltensgestörter Hund, ganz einfach deshalb, weil er die anderen nicht versteht und weil er sich den anderen nicht verständlich machen kann. Außerdem kann er – vor allem unser Hovawart – dann seine Kräfte nicht einschätzen und überschätzt sich.

Schlecht sozialisierte Welpen können zu aggressiven, raufenden Hunden werden. Sie nehmen sich und Ihrem Hovawart ein großes Stück Lebensfreude, wenn er dann keinen Kontakt mehr zu anderen Hunden haben kann. Und Sie werden nie einen entspannten Spaziergang machen, aus Sorge, ob nicht hinter dem nächsten Strauch ein anderer Hund auftaucht.

Suchen Sie also einen Welpentreff, bevor Ihr Welpe bei Ihnen Einzug hält. Ihr Hovawart sollte es Ihnen wert sein, eine Zeitlang auch längere Anfahrtswege für das Welpenspiel in Kauf zu nehmen. Der Rassezuchtverein für Hovawarthunde (RZV) bietet in seinen 12 Landesgruppen solche Welpenschulen an, die alle nach der Methode von Alfons Saus arbeiten. Sehr gute Prägungsspieltage nach dem Lernspielkonzept von Ute Narewski gibt es ebenfalls an vielen Orten, und schließlich gibt es auch bei einigen Hundevereinen gute Welpenspielstunden.

Sie sollten Ihrem Welpen natürlich auch den Kontakt mit gut veranlagten erwachsenen Hunden ermöglichen. Suchen Sie sich aber auch diese sorgfältig aus. Falls Ihnen irgend jemand vom sogenannten »Welpenschutz« erzählt, vergessen Sie es gleich wieder. Wirklich geschützt sind die Welpen nur im eigenen Rudel, und das hat Ihr kleiner Hovawart ja gerade verlassen. Die meisten Rüden sind Welpen gegenüber nachsichtig und tolerant. Hündinnen sind das nicht immer, vor allem nicht in ihrem eigenen Revier oder wenn sie gerade läufig sind oder waren.

Auch wenn die meisten Hunde nett zu Welpen sind, verständigen Sie sich immer zuerst mit den anderen Hundebesitzern, und nehmen Sie Ihren Welpen lieber einmal zu früh aus dem Getümmel. Nicht immer stimmt der beruhigend vorgetragene Satz: »Meiner tut nichts!«

Auch wenn Sie nette erwachsene Hunde kennen, achten Sie immer darauf, daß Ihr Welpe nicht zu grob bespielt wird. Das schadet zwar meistens seiner Seele kein bißchen, aber seinen Gelenken und Bändern vielleicht. Außerdem erlernt er vielleicht auch das grobe Spiel und hat nachher Probleme beim Spielen mit zarteren Naturen.

Trotzdem gilt: Lieber einmal einen derben Knuff vom alten Artus als gar keinen Hundekontakt.

Zur artgerechten Hundehaltung gehört, daß wir unseren Hunden das, was wir ihnen nehmen, wenn wir sie zu uns ins Haus holen, durch die Gelegenheit zum Hundespiel stückweise zurückgeben.

▸ **Exkursionen in die Umwelt**

Die Welt, in der sich unsere Hunde bewegen, wird immer enger, reglementierter und schwieriger für Hunde (und Menschen). Verbote, Bebauung, Verkehr, die Möglichkeit und der Zwang zum Mobilsein, die immer weniger werdenden freien Räume, die von immer mehr Menschen für ihre Freizeitbetätigung genutzt werden, all dies fordert von unseren Hunden wahre Mammutleistungen an Anpassung. Nutzen Sie die Prägephase Ihres Welpen, und zeigen Sie ihm seine neue Welt jetzt. Er wird sie unkompliziert akzeptieren, wenn Sie es richtig machen.

Denken Sie an die vielen unterschiedlichen Bodenbeläge, die für Hundepfoten eigentlich absolut ungeeignet sind: Gitterroste, spiegelglattes Parkett und ähnliches. Gehen Sie mit Ihrem Welpen darüber: Sie voran, er an Ihrer Seite. Noch folgt er Ihnen bedenkenlos – wenn er einige Monate älter ist, vielleicht nicht mehr.

Nehmen Sie Ihren Welpen auf den Arm, und gehen Sie eine Viertelstunde durch ein Einkaufszentrum. Lassen Sie ihn nicht auf den Boden, der Lärm, die Gerüche und die vielen optischen Eindrücke sind schon genug Lehrstoff zum Verarbeiten. Danach gehen Sie gleich mit ihm auf eine Spielwiese und erholen sich gemeinsam von dem Streß.

Marschieren Sie mit Klein-Hovawart über Brücken, lassen Sie ihn durch einen »Tunnel« schlüpfen (eine Stoff- oder Plastikröhre, wie sie für den Hundesport verwendet wird), und loben Sie ihn, wenn er seine Scheu überwunden hat.

Spielen, spielen, spielen Sie mit Ihrem Hovawart, das macht ihn klug und zufrieden. Aber mit Ihrem Welpen machen Sie natürlich keine solchen Hochsprungübungen.

Fahren Sie öfter als vielleicht nötig mit Ihrem Welpen Auto. Er soll es lieben lernen, und er soll es als eine fahrbare Hundehütte schätzen. Moderne Hunde müssen Autofans sein. Also nutzen Sie Autofahrten ins Spaziergangsgelände, zum Welpentreff und überall dorthin, wo es schön ist für Ihren Hund, um ihm das Autofahren angenehm zu machen.

Fahren Sie mit ihm Bus oder Bahn, benutzen Sie einen Lift. Zeigen Sie ihm Kühe und Pferde, Schafe und Hühner. Lassen Sie Ihren Welpen schwimmen, wenn es nicht gerade Winter ist.

Zeigen Sie ihm Menschen, Menschen, Menschen. Noch ist Ihr kleiner Hovawart ein süßer Teddy, den (fast) alle mögen werden. Zeigen Sie ihm, daß (fast) überall Menschen sind. Machen Sie ihm klar, daß er erst auf Ihre Erlaubnis Kontakt aufnehmen darf und ansonsten andere Menschen nicht näher beachtet.

Gehen Sie voran beim Entdecken der vielfältigen und aufregenden Umwelt. Ihr Welpe folgt Ihnen und lernt erstens, daß Sie wirklich ein beeindruckender Chef sind, und zweitens, daß dieser ganz neuen, verwirrenden Welt mit Gelassenheit begegnet werden kann.

Falls Ihr Welpe mit irgend etwas Probleme hat, weichen Sie der Sache nicht aus. Nehmen Sie sich Zeit, gehen Sie mit ihm gemeinsam das »Ungeheuer« an, und lösen Sie angstmachende Situationen auf. Ihr Hund wächst – wie wir übrigens auch – mit seinen Aufgaben, nicht dadurch, daß er ausweicht.

Wenn Sie dieses Umwelttraining richtig und rechtzeitig machen, werden Sie später einen 40 kg-Hund haben, der Sie nicht umreißt, weil er einem Gitterrost ausweicht, der nicht am ganzen Körper zittert, weil er sich nicht über den Parkettboden des Restaurants traut, und der nicht eine alte Dame angreift, die wegen ihrer frischen Hüftoperation an Krücken geht. All das kennt Ihr weltgewandter Begleiter dann schon, er bleibt cool, und Sie haben eine ganze Menge Probleme vermieden.

Lassen Sie Ihren Welpen ruhig auch einmal vier, fünf Treppenstufen gehen. Es ist gut, wenn er den dafür nötigen Bewegungsablauf schon früh kann. Wenn Sie es ihm nur ab und zu erlauben, wird er sicher in dieser Aufgabe und erwirbt dadurch keine HD.

WOHLDOSIERTE BEWEGUNG ▶

Natürlich braucht ein gesunder Hovawart Auslauf, mindestens zwei Stunden jeden Tag. Aber bitte erst, wenn sein Bewegungsapparat halbwegs gefestigt und ausgereift ist. Es ist verständlich, daß Sie Ihren Nachbarn den süßen Welpen vorstellen wollen, aber marschieren Sie

> **Spaziergang – wie oft?**
>
> Im ersten halben Lebensjahr ist mehrmals täglich ein maximal halbstündiger Spaziergang absolut ausreichend. Ab einem Jahr können Sie auf eine Stunde steigern und dann allmählich erhöhen. Der Hovawart ist erst mit zwei Jahren körperlich voll entwickelt und belastbar.

deshalb nicht zwei Stunden am Stück im Dorf herum.

Sie schaden Ihrem Hovawart, wenn Sie dies nicht beachten. Er darf mit sich, mit Ihnen und mit anderen Hunden spielen, solange er kann und will, dabei werden alle Muskeln, Bänder, Gelenke unterschiedlich belastet. Ein Spaziergang mit uns ist eine einseitige, starke Belastung. Das gleichmäßige monotone Laufen belastet seine weichen Bänder und Gelenke enorm. Also lassen Sie es. Noch schlimmer wäre es, wenn Sie Ihren Hovawart im Welpen- und Junghundalter am Fahrrad oder Pferd mitlaufen lassen würden – das wäre Tierquälerei. Wenn Sie möchten, daß er Sie später am Rad oder Pferd begleitet, dann stellen Sie es ihm vor, solange er Welpe ist. Er darf zur Gewöhnung auch mal ein bißchen neben ihm gehen, mehr aber nicht. Es soll eine Begegnung sein, ein Kennenlernen mit der Option auf spätere enge Freundschaft.

Auch dann, wenn Sie später vielleicht Hundesport machen möchten, zum Beispiel Agility, sollte Ihr Hovawart im ersten Lebensjahr die Geräte nur kennenlernen oder vorsichtig ausprobieren, mehr nicht und auf Tempo ohnehin nicht – auch wenn Ihr Sports-

EXKURSIONEN IN DIE UMWELT 39

Spielerisch um Beute kämpfen, das ist eine absolute Lieblingsbeschäftigung der Hovawarte. Aber Vorsicht beim Welpen und Junghund wegen des noch unreifen Gebisses.

freund auf vier Pfoten das selbst gern möchte. Lassen Sie ihn wachsen!

ALLEINBLEIBEN ▶ Wenn Sie alles andere richtig gemacht haben, ist das Alleinbleiben für die allermeisten Hovawarthunde überhaupt kein Problem. Denken Sie daran, daß Ihr Hund im ersten halben Jahr tagsüber nicht lange Zeit allein bleiben sollte – die Nacht verbringt er ja ohnehin an Ihrer Seite.

Üben Sie mit Ihrem Welpen, wenn er einige Zeit bei Ihnen ist, daß Sie das Zimmer für wenige Minuten verlassen. Machen Sie dafür aber keine riesigen Abschiedszeremonien oder Wiedersehensfeiern, sondern seien Sie völlig neutral. Sie gehen weg, sagen ein Wort Ihrer Wahl, zum Beispiel »Tschüs«, kommen nach ein, zwei Minuten zurück und sagen: »So war's brav!« Seien Sie aber nicht allzu begeistert, oder haben Sie bloß kein schlechtes Gewissen, Ihr Welpe merkt das nämlich, wird dann ganz aufgeregt und geht davon aus, daß Weggehen etwas ganz Schlimmes sein muß.

Also einfach so tun, als sei Weggehen und Wiederkommen die normalste Sache der Welt. Die meisten Hovawarthunde akzeptieren das ohne Murren.

Wenn er sich gelöst hat, vielleicht ein bißchen gespielt hat und nicht hungrig ist, können Sie ihn auch auf längere Abwesenheiten trainieren. Ihr Hovawartwelpe wird dann in der Regel nichts zerstören, wenn Sie weg sind. Folgen Sie nicht den schlechten Ratgebern, die vorschlagen, daß man den Welpen ins Badezimmer oder in den Flur sperrt, um Untaten zu verhindern. Lassen Sie Ihren Welpen dort, wo er auch sonst gern ist, dann ist das eine normale Situation, die ihn nicht zusätzlich unsicher macht.

Üben Sie das Alleinbleiben auch gleich im Auto. Erstens können Sie dann (falls die Temperaturen unter 15 Grad sind), in Ruhe einkaufen, und zweitens fällt es Ihrem Welpen dort meist leichter zu warten.

BEIM TIERARZT ▶ Last but not least in diesem Kapitel die Empfehlung, von Anfang an den Tierarzt zum Freund des Welpen werden zu lassen. Gehen Sie also keinesfalls in der ersten Zeit nur zum Tierarzt, wenn eine unangenehme Erfahrung (zum Beispiel Impfung o. ä.) ansteht. Ihr Tierarzt wird Sie sicher unterstützen, wenn Sie auch einmal nur so kommen, wenn Ihr Welpe kurz auf dem Untersuchungstisch geknuddelt und liebkost wird, ein tolles Leckerle erhält und die Praxis und den Tierarzt als etwas ausgesprochen Angenehmes empfindet.

▶ Wann ist er erwachsen?

Hovawarte sind lange jung und verspielt. Ihre körperliche Reife erreichen sie meist erst mit drei Jahren vollständig, dann ist auch ihr Haarkleid voll entwickelt. Ihre seelische Reife... na ja, ab 10 Jahren haben Sie jedenfalls einen Hovawart, der recht abgeklärt und weise ist, und ab da haben Sie auch einen alten Hund.

Folgende Entwicklungsphasen sollten Sie kennen, damit Sie damit umgehen können:

Mit ungefähr 8 Monaten kommt Ihr Hund ins Flegelalter. Das ist der Zeitpunkt, an dem seine wilden Vettern, wenn sie im Rudel nicht weiterleben sollen, von Mama und Papa Wolf weggeschickt werden. Damit sie nicht hirnlos in ihr Unglück rennen, hat Mutter Natur sie in diesem Alter mit erhöhter Vorsicht ausgestattet.

Sie denken vielleicht, Ihr Hund sei ängstlich – ist er nicht, er ist extrem vorsichtig und etwas nervös. Außerdem ist die Pubertät bei Hunden wie bei Menschen eine Ablösungsphase vom Elternhaus: Man zeigt (unerträglich deutlich), daß man einen eigenen Willen hat, und man testet (unerträglich oft), wo die eigenen Grenzen sind und wo man Grenzen gesetzt bekommt.

Auch Ihr normaler Hovawart kommt in die Flegeljahre, glücklicherweise sind das bei Hunden nur Wochen. Vieles, was Sie ihm beigebracht haben, scheint er vergessen zu haben – und zwar vollständig! Bleiben Sie cool, es wird auch wieder anders, und das wissen Sie. Lassen Sie aber, wenn Sie etwas von Ihrem Hund fordern, keinen Ungehorsam durchgehen, jetzt gerade nicht.

Mit ungefähr anderthalb bis zwei Jahren wiederholt sich bei vielen Hunden nochmals so eine pubertäre Phase.

Beide Phasen sind bei Rüden oft deutlicher und unangenehmer ausgeprägt als bei Hündinnen, aber wie bei Menschen ist es so, daß nach dieser Zeit die alte gute Erziehung wieder wirkt. Ihr Hund wird nicht plötzlich ein Rowdy, er ist nur vorübergehend begrenzt zurechnungsfähig.

Bei der Hündin ist der Abschluß der dritten Läufigkeit meist der Zeitpunkt, zu dem man sagen kann, wie sie ist, ein Markstein in ihrer charakterlichen Entwicklung.

Bis zum 10. Lebensjahr sind Hovawarte meist belastbar und vital. Danach altern sie merklich. Aber erfreulicherweise dauert die Altersphase immer länger, viele Hovawarte werden heute 14 Jahre und einige sogar älter.

Gesunde Ernährung

Gesunde Ernährung

42 ▸ Großer Hund – großer Hunger?	46 ▸ Zeit zum Fressen
45 ▸ Sechs Dinge braucht der Hund	47 ▸ Snacks – wieso nicht?
45 ▸ Tischsitten	49 ▸ Fütterungshygiene
	50 ▸ Frisches Wasser

Als die Vorfahren unserer Hunde auf den Menschen kamen, haben sie wahrscheinlich in Sachen Küche einen schlechten Tausch gemacht. Sie bekamen nun nicht mehr die Filetstücke ihrer eigenen Jagdtrophäen, sondern eher die Abfälle, die die Menschen nicht mehr wollten. Im schlimmsten Fall landeten sie selbst im Kochtopf, wenn bei ihren neuen Freunden Schmalhans Küchenmeister war.

Über zig Jahrtausende war die Ernährungsgeschichte der meisten Hunde wohl eine Geschichte des Mangels und der Not. – Sieht man mal von den verwöhnten Hunden edler Damen oder den geschätzten Begleitern adeliger Jagdherren ab.

Der moderne Hovawartwelpe, der heute zu Ihnen ins Haus kommt, hat ganz andere Probleme mit seiner Ernährung. Heute sind Ernährungsprobleme bei Hunden zumindest in Deutschland fast immer Probleme der Überversorgung. Unsere Hundekinder bekommen zuviel Eiweiß, wachsen zu schnell und haben als Resultat dann Skelett- und Knochenprobleme, nicht wegen schlechter, sondern wegen zu »guter« Ernährung.

Die modernen, verwöhnten erwachsenen Hovawarte geraten wie alle anderen Hunde auch in die Gefahr, ordentlich Übergewicht anzusetzen.

Wie bei Menschen und manchmal weitaus schlimmer, hat Übergewicht für das Wohlbefinden und die Gesundheit Ihres Hundes negative Auswirkungen. Also achten Sie darauf, daß Ihr Hovawart gar nicht erst dicker wird, als er sein darf. Mit Hilfe der Rippenprobe erfühlen Sie den richtigen Futterzustand Ihres Hovawartes. Streichen Sie leicht – aber wirklich leicht – über seine Seite. Wenn Sie seine Rippen spüren, ist es okay, wenn nicht, ist er möglicherweise zu dick. Wie bei uns heißt auch bei ihm die Devise: Wehret den Anfängen!

Ob Ihr Hovawart ein maßloser Fresser wird oder ein mäkeliger Suppenkaspar, liegt ausschließlich an Ihnen. Von sich aus ist der Hovawart ein guter Futterverwerter, vergleichsweise anspruchslos und meistens hungrig. Sorgen Sie dafür, daß er Spaß am Fressen hat. Sorgen Sie aber vor allem dafür, daß das Fressen nicht sein einziger Spaß am Tage ist.

▸ Großer Hund – großer Hunger?

Viele meinen, so ein Hovawart frißt seinem Besitzer die Haare vom Kopf. Wenn man ihnen dann die Ration seines Hovawarts in Futterdosen aufsagt, staunen sie.

Hovawarte sind ganz ausgezeichnete Futterverwerter. Also folgen Sie keinesfalls den Mengenangaben der Futtermittelhersteller, sondern folgen Sie Ihren Augen, und machen Sie die »Rippenprobe«.

Die Futtermittelhersteller geben Ihnen Durchschnittswerte an, die für Hovawarte meist zu hoch sind. Außerdem müssen Sie ja auch noch den Hundekuchen oder das Rinderohr, das Pausenbrot, das Ihr Sohn heimlich über Ihren Hund entsorgt hat, die zwanzig Käsestückchen vom Fährtentraining oder halt irgendwelche anderen zusätzlichen Nahrungsmittel einrechnen, die Ihr Freund tagsüber ergattert, und diese sollten dann zwangsläufig zu einer Reduzierung seiner Hauptmahlzeiten führen.

STREIT UMS FUTTER ▶ Der Kampf um den lukrativen Markt »Hund« ist voll entbrannt. Den Hundehaltern wird in der Markenwerbung vermittelt: »Nur ein xxx-Hund ist ein gesunder Hund. Wenn du selbst dein Futter zusammenstellst, wird das lebensgefährlich für deinen Liebling.«

Lassen Sie sich nicht verrückt machen. Fertigfutter hat Vorteile, aber es ist nicht allein selig machend. Es scheint recht vernünftig, regelmäßig zu wechseln, auch wenn man nur Trockenfutter gibt. Es könnte sonst sein, Ihr Hund meint, nichts anderes als das Futter der Firma X sei freßbar, und was machen Sie dann, wenn Ihr Zoohändler mal keines am Lager hat?

Kochen Sie ruhig Ihr Hundefutter selbst, es gibt ausgezeichnete Literatur dazu, was da rein sollte und wie man es optimal zusammenstellt. Es ist schade, wenn Hundehalter, die das gern tun würden oder gern ab und zu tun würden, dies aus Angst vor lebensbedrohlichen Konsequenzen für Ihren Hund nicht umsetzen. Es wird Ihrem Hund schmecken, es ist frisch, und Sie wissen, was drin ist.

Sie können aber auch im Fertigfutterbereich abwechslungsreiche Kost bieten, indem Sie Ihrem Hund Fleischdosen und Hundeflocken mischen, indem Sie Trockenfutter mit kleinen Zutaten verfeinern oder strecken, das könnte Gemüse sein oder Joghurt oder etwas Obst oder einmal Stücke von gedünstetem Fisch, was immer Sie gerade zur Verfügung haben.

Der Hund hat im Laufe seines Lebens einen unterschiedlichen Bedarf an die-

Fit wie ein Turnschuh, blitzschnell und lebenslustig – auch ein Hund ist, was er ißt.

Nahrungsbestandteile

Eiweiß
* Fleisch: Kein rohes Schweinefleisch! Stets Kalzium, jodiertes Kochsalz und fettlösliche Vitamine zusetzen.
* Innereien: Wenig Leber (sonst Vitamin-A-Vergiftung).
* Fisch: Nur gekocht füttern, damit Parasiten abgetötet werden und Thiaminase (Vitamin-B1-zerstörendes Enzym) inaktiviert wird.
* Milch: Maximal 20 ml pro Kilo Lebendmasse pro Tag geben, da Milchzucker abführend wirkt.
* Quark, Hüttenkäse: Auf jeden Fall Kalzium zufüttern.
* Eier: Eiklar nur gekocht geben, da es den Vitamin-H-zerstörenden Faktor Avidin und einen Trypsin-Hemmstoff enthält.
* Mangel an Proteinen führt zu Entwicklungsstörungen, Infektionsanfälligkeit und Blutarmut.
* Extreme Eiweißüberfütterung führt zu Hauterkrankungen, Überbelastung der Leber und Niere, Kalziummangel.

Fette
* Fette und Öle sind Energielieferanten, daher geeignet in Situationen erhöhten Energiebedarfs (Arbeitshunde, säugende Hündin).
* Pflanzenöle enthalten einen hohen Anteil ungesättigter Fettsäuren. Große Mengen davon haben abführende Wirkung.

Kohlehydrate
* Kohlehydrate als Rohfaserlieferanten: Getreideschrot, Weizenkleie, Obst, Gemüse.
* Kohlehydrate als Energielieferanten: Reis, Kartoffel, Getreideflocken, Grieß, Brot und Teigwaren, reife Früchte.
* Brot und Teigwaren besitzen außer Energie keinen Nährwert.
* Zu viele Kohlehydrate führen zur Verfettung.
* Viel Rohfaser im Futter führt zur Gewichtsreduktion.
* Zuwenig Rohfaser im Futter führt zu Kotabsatzproblemen.

Mineralstoffe und Spurenelemente
* Mengenelemente (Kalzium, Phosphor, Magnesium, Natrium, Kalium, Chlor) und Spurenelemente (Fluor, Jod, Kupfer, Mangan, Selen und Zink) sind im Fertigfutter in ausreichender Menge und richtigem Mischungsverhältnis vorhanden.
* Kalzium und Phosphor sollten immer im Verhältnis 1–1,2g Kalzium zu 0,8–1 g Phosphor pro 100 g Futtertrockensubstanz enthalten sein.
* Hoher Kalziumbedarf bei wachsenden Hunden und säugenden Hündinnen.
* Jodiertes Kochsalz und Kalzium bei Fleischfütterung zugeben.

Vitamine
* Zuviel Vitamin A führt zu Knochenverkalkung und zuviel Vitamin D zu Gefäßverkalkung.
* Vitamin K und ein Teil der B-Vitamine werden von den Darmbakterien synthetisiert.
* Vitamin C kann der Hundekörper selbst herstellen.
* Erhöhter Vitaminbedarf besteht bei wachsenden Hunden, tragenden und säugenden Hündinnen und bei alten Hunden.
* Langes Wässern und Kochen von Futtermitteln zerstört Vitamine.

sen Nahrungsbestandteilen. Auch wenn das noch nicht alle Futtermittelhersteller berücksichtigen, sollten Sie vor allem bei Ihrem Welpen darauf achten, daß der Proteingehalt nicht zu hoch ist. Wir haben schon über die Konsequenzen einer Überversorgung mit Protein in der Wachstumsphase gesprochen. Die Wachstumsgeschwindigkeit wird zu hoch, und das führt zu einer starken Belastung des unreifen Knochengerüstes, mit möglichen Skeletterkrankungen im Gefolge. Also ein Blick auf die Inhaltsangabe Ihres Futters lohnt sich immer.

Der Bedarf Ihres Hundes an Rohprotein und Rohfett nimmt im ersten Jahr kontinuierlich ab: Bis zum sechsten Lebensmonat sollte das Futter maximal 26 % Rohprotein enthalten, danach bis zum einjährigen Hund nur noch 20–22 % und beim ausgewachsenen Hund nur noch 18–20 %. Das Rohfett sollte in diesem Zeitraum von 18,5 % auf schließlich 13 % vermindert werden.

▶ **Sechs Dinge braucht der Hund**
Sechs Dinge braucht Ihr Hund fürs Überleben: Fette, Proteine, Kohlehydrate, Vitamine und Mineralstoffe sowie Spurenelemente. Hat er die und dann noch im richtigen Verhältnis und seiner Konstitution und seinem Alter angemessen, dann ist er optimal ernährt.

Die Tierärztin und Kosmos-Autorin Dr. med. vet. Helga Brehm hat in ihrem Buch über Hundekrankheiten zusammengefaßt, was bei den einzelnen Energielieferanten zu beachten ist (siehe im nebenstehenden Kasten).

▶ **Tischsitten**
Jeder Hovawart kann betteln – wahrscheinlich ab dem Zeitpunkt, an dem er halbwegs Kontrolle über seine Beine hat und mehrere Schritte geradeaus laufen kann. Jeder Hovawart – auch ein dicker Hund – schafft es, Sie glauben zu machen, daß er augenblicklich in ein Hungerkoma fällt, wenn Sie ihm nicht schnell etwas zu fressen reichen. Manche Hovawarthalter behaupten steif und fest, daß ihr Hund sogar die Lefzen einziehen kann, um einen besonders hinfälligen Eindruck zu erwecken.

Es ist einfach so: Wenn Sie Ihren Hund niemals, wirklich niemals auf seine Initiative hin füttern, weiß er gar nicht, was betteln ist. Das Problem ist

Welpen großwüchsiger Rassen brauchen eine besonders abgestimmte Ernährung, sonst können Wachstumsstörungen und bleibende Skelettschäden entstehen.

nur: Sie sind konsequent und dann, ja dann zeigt ihm einfach Onkel Fritz wie das geht: einen Menschen zum Futterspender erziehen.

Vielleicht gewinnen Sie diesen Machtkampf souverän. Wenn nicht, sehen Sie Ihren Widerstand gegen Ihren begabten Schauspieler auf vier Pfoten einfach als ständigen Prozeß, in dem Sie (hoffentlich) die meisten Punkte sammeln.

Ihr Hund verträgt und liebt sein Futter am besten »körperwarm« – das schaffen wir ja natürlich nicht, aber aus dem Kühlschrank sollte man gar nicht füttern. Trockenfutter und Hundeflocken kann man mit heißem Wasser einweichen.

Trockenfutter sollten Sie nur im Ausnahmefall trocken füttern. Ihr Hund verdaut es leichter, wenn Sie es vorher quellen lassen. Mindestes eine Viertelstunde ist zu raten, welche Zeit optimal ist, finden Sie selbst heraus, je nach Futter und Geschmack Ihres Hundes.

Denken Sie in diesem Zusammenhang auch an die Empfehlungen aus dem Erziehungskapitel: Füttern Sie Ihren Hund entweder zu anderen Zeiten, als Sie selbst essen, oder geben Sie ihm sein Futter, nachdem Sie selbst gegessen haben.

▶ Zeit zum Fressen

Wann Zeit zum Fressen sein soll, hängt vom Alter ab. Ihren Welpen füttern Sie viermal am Tag – möglichst gleichmäßig auf die wache Zeit verteilt –, Ihr Junghund bekommt dann ab dem 7. Lebensmonat nur noch dreimal Futter. Ihr ausgewachsener Großer bekommt seine tägliche Futterration auf zweimal verteilt, damit erstens die Gefahr der Magendrehung vermindert wird und damit zweitens Ihr Hund nicht ganz so lange Abstände zwischen dem Highlight jeden Hundetages hat: dem Speisen. Im Alter sollte Ihr treuer Freund seine Ration dann wieder dreimal am Tag bekommen.

Ob Sie Ihren erwachsenen Hund stets zur gleichen Zeit füttern, hängt im wesentlichen von Ihren Lebensumständen ab. Tierärzte empfehlen feste Fütterungszeiten, weil sich der Organismus dann schon auf das kommende Futter vorbereitet. Aufnahme und Verwertung des Futters sollen so verbessert werden.

Sie müssen dann aber damit rechnen, daß Ihr Hund pünktlich zum Termin mit seinem Futter rechnet – zumindest, wenn Sie und er zu Hause sind. Der Phantasie eines Hovawarts dazu, wie er Sie auf seine Essenszeit aufmerksam machen kann, sind dabei keine Grenzen gesetzt.

> ### ▶ TIP
> *Direkt vor dem Füttern darf Ihr Hovawart keine körperliche Anstrengung haben. Also wenn er vom Hundesport, vom Hundespiel oder vom Ausritt bzw. Radfahren zurückkommt, nicht gleich eine Stärkung reichen. Hovawartexperten empfehlen eine Ruhepause von mindestens einer Stunde nach körperlicher Anstrengung.*

NACH DEM FUTTERN SOLL ER RUHEN
Sie wissen es ja inzwischen schon: Was vorher sein sollte, gilt auch für danach – Ruhe nach dem Essen ist die erste Hundepflicht. Achten Sie darauf, daß Ihre Kinder nicht den Hund zum Spielen verleiten, wenn Sie möchten,

daß Ihr Hund noch lange spielen kann. Anders ist das bei Welpen. Ihnen sieht man geradezu an, ob sie die optimale Menge gefuttert haben: Wenn sie nach dem Füttern nicht gleich umfallen und schlafen, sondern noch ein Viertelstündchen spielen, war alles prima. Sind sie nervend, hatten die Kleinen zuwenig Futter, plumpsen sie gleich in den Tiefschlaf, dann war es entschieden zuviel des Guten.

TIP
Nehmen Sie Ihrem Hund auch mal kurzfristig die Schüssel weg oder rühren mit dem Finger in der Leckerei, und wehe, er duldet diese Rangdemonstration seines Bosses nicht gleichmütig – dann gibt es ein ordentliches Donnerwetter.

▶ Snacks – wieso nicht?

Die Hundefutterindustrie hat jede Menge Ideen, was man Ihrem Hund noch nebenher an Snacks bieten könnte. Es gibt ihn zwar noch, den alten zahngesundheitsfördernden Hundekuchen, der auch noch so heißt. Manchmal nennt er sich aber schon Kraftriegel oder Maiskeimbrötchen oder anderswie modern. Die industriell gefertigten Hundesnacks und Belohnungsleckerchen sind heute vor allem für den menschlichen Käufer aufbereitet. Pralinenähnlich, in Form von Keksen oder italienischer Pasta, gerollt, geschichtet, als eine Art Überraschungsei (-knochen) für Hunde – nur Ihr Geldbeutel und Ihr klarer Menschenverstand setzen hier Grenzen.

Für die rustikaler geprägten Hundebesitzer und für die, die sich auf dem Weg zurück zur Natur befinden, gibt es jede Menge Trockenprodukte von Schlachtabfällen: getrockneten Ochsenziemer, getrocknete Ohren von allen möglichen Schlachttieren, Rindernasen, Rinder- oder Schafspansen, Rinderhufe, Rinderlunge, sogar Hoden männlicher Rinder kann man seinem Hund zum Knabbern bieten. Manchmal finden Sie auch getrocknete Hühnerkralle im Snackregal oder einfach nur ein mehr oder weniger preiswertes Stückchen Rinderfell. Alles Geschmackssache, und das im Wortsinn. Die Lieferanten scheinen davon auszugehen, daß gerade die Produkte, die ganz besonders streng riechen, von der Kundschaft bevorzugt werden. Wie auch immer – den Hunden schmeckt das meiste davon ganz ausgezeichnet.

Amerikanischer und deshalb hygienischer und steriler und überhaupt kaum mehr als das erkennbar, was es einmal war, sind Produkte aus Rinderhaut, die sogenannten Büffelhautknochen, und deren Rest- und Abfallprodukte: Knusperstengel, Kauröllchen und wie sie alle heißen. Das sind wunderbare Instrumente zum Zeitvertreib und zur Beschäftigung für Ihren Hund. Nur leider sind sie vielen Hunden, die mal auf den Geschmack eines kernigen Ochsenziemers gekommen sind, einfach nicht aromatisch genug. Wenn Sie Ihren Hovawart also zum Büffelhautfreund erziehen wollen, geben Sie ihm nur wenige der obengenannten Trockenprodukte.

Was immer und wieviel immer Sie Ihrem Hund zwischendurch füttern, denken Sie daran: Fast alles hat Kalorien, die Sie in die tägliche Gesamtfuttermenge einrechnen sollten und von den Hauptmahlzeiten entsprechend abziehen müssen.

ALS FUTTER UNGEEIGNET ▶ Vieles was Ihr netter Nachbar oder Ihr eigener Hund für ganz besonders lecker und hundetauglich halten, sollten Sie nicht füttern, weil es schädlich oder sogar gefährlich ist.

TIP

Schweine und vereinzelt auch andere Schlachttiere können an der Aujeszkyschen Krankheit leiden. Hunde und Katzen, die das Fleisch derart infizierter Tiere fressen, sterben qualvoll. Nur Erhitzen über hundert Grad kann den Virus töten. Seien Sie deshalb vorsichtig mit getrockneten Schweinsohren. Der Rassezuchtverein für Hovawarthunde rät inzwischen sogar prinzipiell davon ab, solche zu verfüttern. Getrocknete Schlachtabfälle sind vor der Trocknung nicht immer ausreichend erhitzt worden. Wenn Ihr Zoofachhändler das nicht garantieren kann, kaufen Sie besser kein Schweinsohr, es könnte die letzte Mahlzeit Ihres Hundes sein.

Knochen zum Beispiel sind entgegen aller alten und neuen Beteuerungen kein Hundefutter. Große und harte Knochen können Zähne schädigen. Knochenteile oder kleine Knochen können irgendwo zwischen Schlund und Anus steckenbleiben. Wenn dies in der Luftröhre oder im Darm passiert, kann es zu lebensbedrohlichem Verschluß kommen. Die meisten Hundehalter kennen die Gefahr, die von Hühner- oder Kaninchenknochen für Hunde ausgeht.

Aber selbst wenn Ihr Hund ein ganz prima Knochenfresser ist, die Gefahr der Verstopfung ist groß. Also überlegen Sie, ob der »gute« Kalbsknochen wirklich gut für Ihren Hund ist.

Vorsicht, rohes **Schweinefleisch** ist keine Hundenahrung. Es ist sowieso empfehlenswert, gar kein rohes Fleisch – gleich von welchem Tier – zu füttern.

Fleisch ist niemals Alleinfutter. Wenn Sie Fleisch füttern, geben Sie ein Fertigfutter ohne Fleischanteil (Gemüseflocken o. ä.) dazu. Fleisch allein führt zu Mangelzuständen.

Rohes Eiklar sollten Sie Ihrem Hund, wie bereits erwähnt, nicht geben.

Schokolade ist keine Belohnung für Ihren Hund, sondern kann bei empfindlichen Hunden lebensbedrohlich wirken.

Mist, Pferdeäpfel, Schafskot: Jetzt denken Sie vielleicht: Na das ist doch klar, so etwas ist doch kein Futter. Schön, aber was, glauben Sie, denkt Ihr Hund? Für ihn sind das die reinsten kostenlosen Pralinen, die da herumliegen. Sein Instinkt lehrt ihn, daß in diesen köstlichen Leckereien noch feine für ihn verwertbare Bestandteile sind. Leider – und das lehrt ihn sein Instinkt nicht – gibt es auch andere Bestandteile, die für seinen Magen-Darm-Trakt nicht so erfreulich sind. Pferdeäpfel sind meist unbedenklich, aber einfacher ist es, Sie lehren Ihren Hund, gar keinen Mist aufzunehmen, als daß Sie versuchen, sich mit ihm auf die akzeptablen Mistsorten zu einigen.

Mäuse: Eigentlich sind Mäuse ein ganz wunderbares, artgerechtes Lebensmittel. Die wilden Verwandten unserer Hunde füllen mit diesen »Snacks« ihren leeren Magen, wenn größere Brocken nicht zu kriegen sind. Nur bekommen erstens viele Hundebesitzer Panikattacken, wenn ihr Hund ein Lebewesen tötet, und zweitens sind Mäuse heute leider meist äußerst ungesund. Falls Sie die Ernährungsgewohnheiten der Mäuse nicht genau kennen, sollten Sie Ihrem Hovawart nicht erlauben, eine zu jagen oder gar zu verspeisen. Die modernen Feldmäuse sind nämlich leider oft schon halb vergiftet, wenn Ihr sie Hund erlegt. Vergiftet von der intensiven Landwirtschaft und den dabei ausgebrachten Herbiziden und Pestiziden. Die Waldmäuse sind Überträger des gefährlichen Fuchsbandwurmes. Also gestatten Sie Ihrem Hund die Mäusejagd am besten erst gar nicht.

Schmutziges Wasser: Auch hier gehen die Meinungen zwischen Hunden und Menschen weit auseinander. Ihr Hovawart wird, wenn er es nur entdeckt, brackiges Gießwasser aus der Regentonne wie einen Likör schlürfen. Pfützen, die sich im Übergangsstadium zu kleinen sumpfigen Biotopen befinden, laden ihn nicht nur zum köstlichen Bade, sondern auch zum Verkosten dieser Leckerei. Besonders im Sommer kann er sich dabei eine üble Magen-Darm-Infektion holen. Kann er – muß er aber nicht, sonst hätten im Sommer die meisten Hovawarte chronischen Durchfall.

▶ **Fütterungshygiene**

Sie werden natürlich als liebevoller Hundehalter dem Geschirr Ihres Hundes die gleiche Sorgfalt angedeihen lassen wie Ihrem eigenen. Blitzsauber soll es schon sein. Kaufen Sie deshalb Qualitätsware, die sich gut reinigen läßt. Achten Sie darauf, daß niemals Futter stehenbleibt, zumindest nicht länger als eine Viertelstunde. Erstens erziehen Sie sonst vielleicht einen mäkeligen Fresser, und zweitens verdirbt Futter schnell und wird zur Gefahr für das Wohlbefinden Ihres Hundes.

Aber keine Sorge, statistisch ist Ihre Chance, einen Hovawart zu bekommen, der seinen Freßnapf nicht nach fünf Minuten klinisch rein geschleckt hat, ziemlich gering.

Höhenverstellbare Futterständer werden immer wieder wegen ihrer gesundheitlichen Vorteile gepriesen. Skelettbelastungen beim wachsenden Hund würden vermieden. Das übermäßige Schlucken von Luft während

Wasser ist für fast alle Hovawarte anziehend. Alle baden, viele schwimmen gern. Achten Sie darauf, daß Ihr Hund kein brackiges Wasser in Tümpeln und Pfützen aufnimmt.

GESUNDE ERNÄHRUNG

Welpen spielen oft noch ein bißchen nach dem Füttern. Erwachsene Hunde brauchen Ruhe nach den Mahlzeiten: eine Magendrehung wäre sonst möglich!

des Futterns sei ausgeschlossen und anderes mehr. Wie weit dies richtig ist, sei dahingestellt. Was aber jedem quasi auf den ersten Biß einleuchtet, ist, daß gerade Ihr großer Hovawart damit ganz komfortabel speist.

▶ **Frisches Wasser**

Der Körper unserer Hunde besteht zu 70 % aus Wasser, und schon der Verlust von 15 % davon ist tödlich. Wenn Sie sich den Wasserbedarf Ihres Hovawarts ganz genau ausrechnen wollen, müssen sie 40–220 ml pro Kilo Lebendmasse Ihres Hundes rechnen. Je nach Umgebungstemperatur, Gesundheitszustand, bei Hündinnen, die säugen und je nachdem, welches Futter Sie anbieten, braucht man weniger oder mehr in dem angegebenen Verhältnis.

Selbstverständlich benötigen Hunde, die Trockenfutter bekommen, deutlich mehr Wasser als andere.

Das Wasser für Ihren Hund soll natürlich Trinkwasserqualität haben und immer mehr als 10 Grad Celsius warm sein.

> **TIP**
>
> *Denken Sie also daran, daß Ihr Hund stets frisches Wasser hat, und denken Sie vor allem daran, wenn Sie in der warmen Jahreszeit mit ihm unterwegs sind. Mindestens eine Literflasche Wasser sollten Sie immer im Wagen haben, wenn Sie gemeinsam fahren, und ein Napf, aus dem Ihr Hund trinken kann, gehört genauso ins Auto wie das Warndreieck.*

Richtige Pflege

Richtige Pflege

52 ▶ Leicht zu pflegen

53 ▶ Augen, Ohren und Zähne kontrollieren

54 ▶ Zeigt her Eure Pfoten!

57 ▶ Hovawarte sind eitel

58 ▶ Decken und Tücher

Wenn Sie sich einen Hovawart ins Haus holen, stellt er an Ihre Zuwendung jede Menge Ansprüche. Er verlangt Aufmerksamkeit und Konsequenz, und er kostet Geld. Mit ihm können Sie aber auch Geld sparen, denn Sie brauchen keine aufwendigen Pflegesets, und Sie brauchen keine Bücher zu kaufen, in denen seitenlang beschrieben wird, wie man richtige Fellpflege treibt, wo und wie das Fell geschnitten wird. Sie brauchen kein Haarspray, kein Trimmesser, keinen Talkumpuder und das ganze Zeug, das die Besucher auf Hundeausstellungen oft zu Recht abstößt. Das Fell des Hovawarts darf und soll so sein, wie es ist, ohne Rumgeschnippel und anderen Firlefanz.

▶ Leicht zu pflegen

Das Kapitel »Pflege« braucht deshalb beim Hovawart einen kleinen Platz im Buch und im wirklichen Leben. Die Kapitel »erziehen, ausbilden, beschäftigen« sind deutlich umfangreicher: im Buch und im Leben.

Die Fellpflege ist absolut problemlos. Manche Hovawarthunde haben dichteres oder längeres Fell als andere, das Fell der Schwarzmarkenen scheint schon beim Anfassen weicher zu sein als das der Blonden und ist leichter zu kämmen. Aber das sind alles graduelle Unterschiede. Wenn nicht gerade der halbjährliche Fellwechsel angesagt ist, müssen Sie sich einfach einen Tag in der Woche vornehmen, wie unsere Großeltern den wöchentlichen Badetag. Dann wird gebürstet und gekämmt, sonst vergessen Sie es nämlich.

Die Kosmetiktasche Ihres Hundes braucht nicht groß zu sein: ein Kamm, eine weiche Bürste und ein Striegel reichen.

▶ **TIP**
Beherzigen Sie bei der Haarpflege das alte Sprichwort, daß man nicht gegen den Strich vorgeht, und Sie wissen schon alles, was Sie wissen müssen.

Auch wenn Ihr Welpe überhaupt keine Fellpflege braucht: bürsten und kämmen Sie ihn unbedingt alle paar Tage. Sein Fell braucht diese Pflege nicht, aber sein Geist. Er soll nämlich lernen, daß er diese Handlung dulden muß, auch wenn er sie nicht unbedingt nett findet oder auch wenn er gerade keine Lust hat. Wenn Sie erst mit Ihrem pubertierenden Hund anfangen, die Fellpflege zu praktizieren, wird das deutlich nervenaufreibender für Sie.

AUGEN, OHREN UND ZÄHNE KONTROLLIEREN

So soll das Auge aussehen: klar und sekretfrei.

Auch wenn Sie einen dieser Hovawarte erwischt haben, bei denen Streicheln fast immer als Fellpflege ausreichen würde, kämmen und bürsten Sie ihn ab und zu. Hovawarthunde verändern im Laufe ihres Lebens ihr Fell und seine Struktur öfter. Richtig ausgebildet ist das Fell Ihres Hundes ohnehin meist erst, wenn er drei Jahre alt ist. Beim alternden und alten Hovawart ändert sich das Fell meist nochmals deutlich. Dann entwickelt es auch oft Neigung zum Verfilzen. Eine sanfte, aber regelmäßige Fellpflege wird dann unerläßlich.

Also machen Sie diesen Teil der Körperpflege Ihrem kleinen Welpen angenehm, und er wird es sein ganzes Leben lang genießen, von Ihnen gekämmt und gebürstet zu werden.

▶ **Augen, Ohren und Zähne kontrollieren**

Augen und Ohren sowie die Zähne Ihres Hundes sollten Sie ebenfalls regelmäßig anschauen.

In die Augen schauen Sie Ihrem Hundeliebling ja ohnehin ständig, also tun Sie es auch zum Zwecke der Körperpflege – vor allem morgens. Mit einem Papiertaschentuch entfernen Sie Sekretreste, die sich morgens manchmal am Augenwinkel finden. Ist der Ausfluß mengenmäßig deutlich höher als gewöhnlich oder eitrig, ist das ein Fall für Ihren Tierarzt.

Die Ohren, aber nur den äußeren Teil, also die Innenseite der Ohrmuscheln, sollten Sie regelmäßig inspizieren: Sie schauen ob sie sauber sind, falls nicht, reinigen Sie sie mit einem weichen Tuch, eventuell mit etwas Babyöl getränkt. Sie schauen nach Auflagerungen, nach Ohrenschmalz, das sich vorgearbeitet hat und vor allem riechen Sie Ihrem Freund ins Ohr. Wenn es dort unangenehm riecht, ist es Zeit, den Tierarzt zu konsultieren. Laborieren Sie keinesfalls selbst im Ohr Ihres Hovawarts herum. Im Zweifel richten Sie meist mehr Schaden an als Nutzen.

Das äußere Ohr soll sauber und frei von Auflagerungen und Ohrschmalz sein. Im Ohr sollen Sie sich keinesfalls zu schaffen machen, das ist allein Sache des Tierarztes.

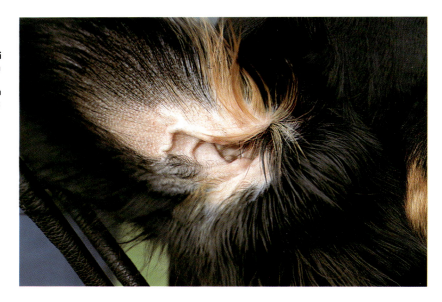

Die Zähne kontrollieren Sie auf Anzeichen von Zahnstein und Entzündungen, und wenn Sie schon so dicht am Fang Ihres Hundes sind, riechen Sie auch gleich, ob sein Mundgeruch in Ordnung ist. Im Handel werden alle möglichen mehr oder weniger teuren Präparate zur Vorbeugung von Zahnstein angeboten. Manche Tierärzte empfehlen auch, den Hunden die Zähne zu putzen. Sie müssen das nach Ihrem Geschmack entscheiden, denn bei Hunden und bei Menschen ist es so, daß manche Zahnstein bekommen und andere nicht. Sofern Sie Ihrem Hovawart täglich die Möglichkeit geben, etwas Hartes zu knabbern: einen Hundekuchen, ein Stück Ochsenziemer oder einen Büffelhautknochen, haben Sie schon eine Menge an Vorbeugung getan. Wenn Ihr Hovawart dann zu der Minderheit derer gehört, die trotz dieser schmackhaften Zahnsteinprophylaxe anfällig bleiben, dann können Sie sich immer noch zeigen lassen, wie man seinem Hund die Zähne putzt und sich abzeichnende Beläge selbst entfernt. Meistens erfahren Hovawartbesitzer aber erst im höheren Lebensalter ihres Hundes davon, daß auch Hunde Zahnstein haben können.

> ### Verfilztes Fell
>
> An zwei Stellen bedarf das Fell Ihrer regelmäßigen Aufmerksamkeit, weil sich dort schnell Verfilzungen bilden können. Einmal sind solche kritischen Stellen die schönen langen Haare an den Vorderläufen und die Haare direkt unter dem Ansatz der Ohrmuschel.

▶ **Zeigt her Eure Pfoten!**

Hunde gehen »barfuß«, angesichts der unterschiedlichen Bodenbeläge, die sie

Zähne und Zahnfleisch regelmäßig auf Beläge und Entzündungen kontrollieren. Außerdem ist diese Kontrolle eine prima Übung für Tierarztbesuche und Ausstellungen.

Die Pfote eines jungen Hundes. Sie können dabei helfen, daß sie lange in so ausgezeichnetem Zustand bleibt.

RICHTIGE PFLEGE

Hovawarte sind Entdeckertypen. Klar, daß sie bei ihren Expeditionen keine Rücksicht auf ihr Outfit nehmen.

den ganzen Tag queren, ist das eigentlich eine erstaunliche Fertigkeit. Der Zustand der Fußballen sollte von Ihnen auch überprüft werden. Auch wenn Ihr Hund keine auffälligen Reaktionen zeigt, kann zwischen den Ballen alles mögliche verkantet oder verklebt sein. Die Ballen sollten dunkel und glatt sein, wenn nicht, brauchen sie vermehrte Aufmerksamkeit und Pflege. Melkfett oder Vaseline tun hier gute Dienste.

Selbst dann, wenn Sie Ihrem Hovawart ein gemütliches weiches Bett gemacht haben, wird mancher harte Bursche den harten Boden vorziehen. Er kann davon unter anderem Liegeschwielen bekommen. Das heißt, dort, wo quasi die äußerste Stelle seines Körpers auf den harten Boden trifft, an seinem Ellenbogen, wird das Fell abgeschabt und bilden sich richtige Schwielen. Anfangs helfen hier manchmal noch die eben genannten Fette. Wenn Sie das Problem zu spät identifizieren, müssen Sie sich vom Tierarzt eine geeignete Salbe holen.

Zur Pflege Ihres Hundes gehört ebenfalls, daß Sie draußen unterwegs darauf achten, wo und vor allem worüber Sie beide gehen. Es ist klar, daß Sie einen Umweg machen, wenn Sie glauben, ein bestimmter Boden schadet Ihrem Hund oder gefährdet seine Pfoten.

VORSICHT BEI EIS UND SCHNEE! ▶

Die Pfoten Ihres Hundes brauchen gerade im Winter verstärkte Aufmerksamkeit. Bei den langhaarigen Hovawarten bilden sich beim Spaziergang im Schnee oft Schneeklumpen – manchmal so groß wie ein Tischtennisball – zwischen den Zehen und Ballen. Das Gehen wird dadurch sehr schmerzhaft, und nicht immer gelingt es dem Hund, sich selbst davon restlos zu befreien. Seien Sie also achtsam, wenn Ihr Hund sich hinlegt und an seinen Pfoten knabbert. Warten Sie und helfen Sie ihm gegebenenfalls, die schmerzhaften Schneebälle zu entfernen.

Vorbeugend wirkt Melkfett oder Vaseline, das Sie Ihrem Hund großzügig zwischen Zehen und Ballen schmieren. Diese Fette schützen ihn darüber hinaus ein wenig vor dem aggressiven Streusalz, das seinen Pfoten sonst arg zusetzt. Um Schäden zu vermeiden, die dadurch entstehen können, sollten Sie, wenn Sie mit Ihrem Hund gestreute Straßen queren, zu Hause mit warmem Wasser seine Pfoten spülen.

▶ **Hovawarte sind eitel**
Hovawarthunde sind auch nur »Menschen«, die es schätzen, sich mit verführerischen Düften für das andere Geschlecht attraktiv zu machen. Vielleicht bevorzugen sie einen neuen aufregenden Duft auch nur für sich persönlich und zum eigenen Vergnügen. Vielleicht wollen sie sich den Duft einer anderen Spezies umlegen, um – quasi mit einer Tarnkappe – unerkannt durchs Reich der jagdbaren Tiere zu schleichen. Langer Rede kurzer Sinn: fast alle Hovawarte schwärmen für so gewöhnungsbedürftige Dinge wie Schafskot in allen Stadien des Zerfalls, Menschenkot, weggeworfene Windeln, verweste Säugetiere und Fische, vergammelten Quark hinter dem Milchgeschäft und alles, was Sie sich sonst nicht vorstellen können.

Natürlich, natürlich wird Ihr gehorsamer Hovawart kommen, wenn Sie ihn abrufen. Aber bis dahin schafft er es bestimmt, große Flächen seines Körpers einzuseifen.

In solchen Fällen wird an Ihre Selbstbeherrschung, an Ihren Humor und an Ihre Fähigkeit, möglichst lange mit angehaltenem Atem neben Ihrem Hund auszuharren, enorme Anforderungen gestellt.

Helfen tut nur eine schnelle Teil- oder Ganzwäsche Ihres Ferkels. Ihr Hund wird das dulden, verstehen wird er es nicht. Denn für ihn war der verweste Marder, in dem er eben gebadet hat, so etwas wie eine Literflasche Ihres Lieblingsparfüms ganz umsonst, also quasi ein Vierer bis Fünfer im Lotto.

Abgesehen von solchen Situationen, in denen Ihr Hovawart verständnislos die Demütigung erduldet, seinen neuen Duft übertünchen zu müssen, braucht Ihr Hovawart kein Reinigungsbad.

Außer in toten Fischen und anderem Stinkezeug wälzt er sich auch gern in normalem Dreck, liegt gern in Pfützen, gräbt in frisch gepflügtem Ackerland – macht sich jedenfalls leidenschaftlich gern schmutzig. Trocknen Sie ihn ab nach dem Spaziergang und warten Sie einfach ab. Wenn er getrocknet ist, reicht es meist, die Sanddünen, die sich unter ihm gebildet haben, aufzukehren oder eventuell noch mal mit der Bürste durch sein Fell zu gehen. Reinigungsbäder, gleich mit welch schonendem Shampoo, sind immer eher schlecht für Haut und Haare, jedenfalls wird die Selbstreinigungsfähigkeit des Hundefells dadurch immer herabgesetzt. Also lassen Sie es, oder beschränken Sie sich auf Abduschen mit klarem Wasser.

Baden und schwimmen in Bächen und Seen darf Ihr Hund bedenkenlos, wenn es nicht sehr kalt draußen ist, aber da wird Ihr Hund schon selbst vernünftig genug sein und nicht im Dezember in den See springen. Wenn er das nicht ist, dann seien Sie es, und erlauben Sie es nicht.

RICHTIGE PFLEGE

Haarpflege ist kein Problem und äußerst einfach beim Hovawart. Sie müssen ihn nur früh daran gewöhnen, dann wird er es genießen.

▶ Decken und Tücher

Sie werden sehen, Ihr Hovawart hat bald eine eigene Aussteuertruhe: Handtücher, Waschlappen, Decken fürs Auto und zum Schlafen, Bezüge für seine Schlafmatratze und nochmals Decken für diverse Zwecke. In Ihrem und in seinem Interesse sollten Sie darauf achten, daß hier besser einmal zuviel die »Wäsche« gewechselt wird als einmal zuwenig. Parasiten nisten sich dort gern ein, und die meisten von ihnen überleben eine Tour durch die Waschmaschine nicht. Wäschewechsel ist also eine einfache Vorbeugungsmaßnahme gegen Parasiten.

Die Schlaf- und Ruheplätze Ihres Hundes im Haus sollten Sie aus dem gleichen Grund häufig saugen und die Umgebung aufwischen.

Das war es schon: Den Hovawart pflegen heißt, ihm vor allem Aufmerksamkeit zu schenken. Das bißchen Kämmen macht sich dann fast von allein.

Rundum gesund

Rundum gesund

60	Hüftgelenksdysplasie (HD)	64		Vor dem Tierarztbesuch
61	Osteochondrosis dissecans (OCD)	64		Infektionen und Impfungen
		65		Parasiten
61	Magendrehung	66		Läufigkeit und Zyklusstörungen
62	Vorbeugen ist besser ...			
62	Zahnwechsel	67		Erste Hilfe
62	Gesundheits-Check up	67		Hunde-Hausapotheke
63	Verhaltens-Check up	67		Altern ist keine Krankheit

Der Hovawart ist eine gesunde Rasse. Das schreibt sich leicht, ist aber nicht bei allen Rassehunden selbstverständlich. Es ist vornehmste Pflicht aller Rassehundezuchtvereine, die Gesundheit ihrer Tiere zu fördern, denn kranke Hunde leiden nicht nur selbst, sondern mit ihnen leidet immer auch ihr menschlicher Anhang.

Die drei wichtigsten Krankheiten größerer Hunde stelle ich Ihnen hier kurz vor, obwohl sie bei Hovawarthunden kaum auftreten.

▶ **Hüftgelenksdysplasie (HD)**
Jeder, der sich für einen größeren Hund interessiert, sollte um diese gefürchtete Erbkrankheit wissen. HD liegt dann vor, wenn das Hüftgelenk des Hundes nicht korrekt ausgebildet ist, das heißt, wenn Gelenkpfanne und Oberschenkelkopf nicht richtig zusammenpassen.

Die Auswirkungen auf das Hundeleben sind schlimm. Durch die Fehlbildungen können sich nämlich im Lauf der Zeit Ablagerungen in den Gelenken bilden, die starke Schmerzen bei der Bewegung verursachen. Heilen kann man diese Krankheit nicht, helfen und lindern kann die Tiermedizin inzwischen.

Wenn Sie heute einen Hovawart vom Rassezuchtverein (RZV) erwerben, können Sie mit 90%-iger Sicherheit einen Hund erwarten, der keine fehlerhafte Hüften hat. Allerdings ist das nicht eine Besonderheit der Rasse, sondern Ergebnis einer Zuchtplanung dieses Vereins.

Achten Sie als Welpenkäufer sorgfältig darauf, daß Ihr Welpe nicht zu dick wird, denn Übergewicht ist wie beim Menschenbaby kein Zeichen, daß es ihm gutgeht, sondern eine schwere Hypothek für die Zukunft. Regelmäßiges Treppen-

> ▶ **HD-Klassifizierung**
>
> Je nach Schwere dieser Mißbildung unterscheidet sich die Diagnose nach HD leicht (C), HD mittel (D) und HD schwer (E). Ausgezeichnete Hüftgelenke werden als HD frei (A) bezeichnet. Hüftgelenke, die noch keinen Befall zeigen, aber auch nicht optimal sind, werden mit HD-Verdacht (B) klassifiziert.

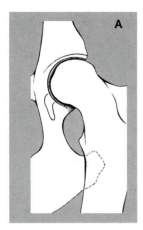 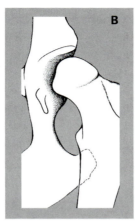 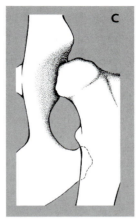

Bei Hovawarthunden aus kontrollierter VDH-Zucht ist die Wahrscheinlichkeit, an HD zu leiden, äußerst gering.
A normales Hüftgelenk,
B mittlere HD,
C schwere HD.

steigen (vor allem treppab), kilometerlange Spaziergänge im ersten Lebensjahr und andere unzeitgemäße Überlastungen können eine HD ausbilden helfen.

▸ **Osteochondrosis dissecans (OCD)**

Diese Krankheit scheint ebenfalls genetisch bedingt oder gefördert zu werden. Sie tritt meist zwischen dem 5. und 10. Lebensmonat auf und macht sich als Lahmheit bemerkbar. Befallen ist fast immer das Kniegelenk. Bei der OCD handelt es sich um eine Wachstumsstörung im Gelenkknorpel. Dabei heben sich Teile des Gelenkknorpels ab bzw. werden vom übrigen Knorpel losgelöst und bewegen sich als freie Teile in der Gelenkhöhle. Sie können sich sicher vorstellen, wie das schmerzt. Eine zu gehaltvolle Nahrung, insbesondere eine Überversorgung mit Protein, soll die Ausbildung dieser Wachstumsstörung begünstigen.

▸ **Magendrehung**

Glücklicherweise hört man heute nicht mehr sehr oft davon, weil die Hundehalter vorbeugen.

Bei der Magendrehung verändert der gefüllte Magen seine Lage. Ein- und Ausgang werden dabei quasi abgeschnürt. Die jetzt entstehenden Gase blähen den Magen wie einen Ballon auf, bis die Blutgefäße abgedrückt werden, die Atmung erschwert wird und es zu einem lebensbedrohlichen Kreislaufversagen kommt.

▸ **Notfall Magendrehung**

Die Magendrehung ist ein akuter Notfall. Sie müssen die Symptome erkennen und sofort tierärztliche Hilfe suchen, denn nur eine sofortige Operation kann Ihren Hund retten.

Die Symptome sind recht eindeutig: Ihr Hund ist unruhig, er versucht vergeblich, sich zu erbrechen, sein aufgegaster Magen sieht wie eine riesige harte Kugel aus. Falls sein Kreislauf schon beeinträchtigt ist, erkennen Sie es an den blassen Schleimhäuten.

> **Kotproben sind wichtig**
>
> Das folgende gehört zwar nicht zum körperlichen Check up, Sie sollten es aber ebenfalls regelmäßig inspizieren: Der Kot Ihres Hundes gibt Ihnen einen wichtigen Anhaltspunkt über sein Wohlbefinden. Verändert der Kot seine Konsistenz in Richtung auf flüssige und breiige Zustände, ist das immer ein Zeichen dafür, daß etwas nicht stimmt. Dauert ein solcher Zustand an, müssen Sie handeln.

Vorbeugen kann man, indem man auch den erwachsenen Hund zweimal am Tag füttert und ihn nach seinen Mahlzeiten nicht herumtoben läßt.

▶ Vorbeugen ist besser ...

Ein gesunder Hovawart ist schlank, bewegungsfreudig und blickt Sie aus klaren, unternehmungslustigen Augen an. Seine Schleimhäute sind gut durchblutet, sein Fell glänzt, Augen und Nase sind sekretfrei. Ein Hovawart »riecht« kaum nach Hund. Zahnbelag und Ohrenschmalz sieht man – zumindest beim jüngeren Hund – nicht. Seine Temperatur, die Sie natürlich nicht ständig messen müssen, liegt bei 38,5°.

Wenn Sie ihn seiner Rasse entsprechend halten, wenn Sie ihm genügend Auslauf, Beschäftigung und eine ausgewogene Ernährung bieten, haben Sie das Ihre getan.

▶ Zahnwechsel

Viele, die erstmals einen Hund halten, wissen gar nicht, daß sie ihren kleinen Welpen mit Milchzähnen übernehmen und daß er dann mit ungefähr vier Monaten in den Zahnwechsel kommt, genauso wie wir Menschen. Erschrecken Sie also nicht, wenn Sie plötzlich Blutspuren auf Ihrer Kleidung oder im Fell des Spielgefährten Ihres Welpen sehen: Zahnwechsel!

Ihr Welpe kann Zahnschmerzen haben, wundern Sie sich also nicht über Empfindlichkeiten. Wenn Sie merken, daß Ihr Welpe seine Ohren stark zurückzieht, ist das ein Zeichen von Verspannungen durch den Zahnwechsel. Massieren Sie sanft aber kräftig dagegen, um Fehlstellungen des Behangs zu vermeiden. Beim Welpentreff oder auf einem Hovawarttreff zeigt man Ihnen, wie es gemacht wird.

Vermeiden Sie während und nach dem Zahnwechsel Zerrspiele mit Ihrem Hund; die neuen Zähne brauchen einige Zeit, bis sie fest verankert sind.

▶ Gesundheits-Check up

Auch wenn Ihr Hovawart keine Auffälligkeiten zeigt, sollten Sie ihn regelmäßig »durchchecken«. Beginnen Sie damit beim Welpen, dann ist Ihr Hund das gewöhnt, wenn dann der Check up im Alter nötiger wird. Machen Sie aus der »Besichtigung« eine liebevolle, zärtliche Angelegenheit, und Ihr Hovawart wird sich auf den Check up freuen.

Beginnen Sie am besten am Kopf: Ohren auf Geruch und Auflagerungen untersuchen, Augen auf übermäßige Sekretspuren und Rötungen der Bindehaut prüfen, in den Fang sehen und riechen (Beläge und Entzündungen, manchmal können auch kleine Fremdkörper zwischen den Zähnen stecken).

Am Rumpf knubbeln Sie Ihrem Hovawart das Fell, er legt sich dabei sicher gern hin. Schauen Sie nach Verfilzun-

Verhaltens-Check up

Fast genauso wichtig ist es, das Verhalten Ihres Hovawarts auf Auffälligkeiten zu beobachten und ggf. zu handeln.

- [ ] Zeigt er sich etwa uninteressiert am geliebten Spielzeug?
- [ ] Rast er nicht gleich begeistert zur Tür, wenn Sie einen Spaziergang ankündigen?
- [ ] Rutscht Ihr Hund auf dem Hinterteil durch die Gegend?
- [ ] Beleckt er häufig und ausdauernd bestimmte Körperteile?
- [ ] Schüttelt er oft den Kopf?
- [ ] Lahmt er oder hat er Probleme mit dem Aufstehen?
- [ ] Hat er Fieber?
- [ ] Erbricht er häufig, hat er Verstopfung oder Durchfall?
- [ ] Hat er starken Durst?
- [ ] Atmet er schwer oder hustet er?
- [ ] Kratzt sich der Hund häufig?
- [ ] Ist er müde und lustlos?
- [ ] Zeigt er an bestimmten Körperstellen Berührungsempfindlichkeit?
- [ ] Zeigt er an bestimmten Körperstellen Haarausfall?
- [ ] Nimmt er auffallend schnell ab oder zu?
- [ ] Lehnt er einen Leckerbissen ab?
- [ ] Wenn etwas Ungewöhnliches auftritt, dann gehen Sie besser einmal zuviel als einmal zuwenig zum Tierarzt.

gen, vor allem aber nach Krusten, Schwellungen oder Knötchen. Mit unbemerkten Hautverletzungen ist nämlich nicht immer zu spaßen. Knötchen können entzündete Talgdrüsen sein, die behandelt werden müssen.

TIP
Lassen Sie sich von Ihrem Tierarzt auch einmal zeigen, wie man beim Hund Fieber mißt. Das ist nicht weiter schlimm, man muß es nur einmal gezeigt bekommen und dann, wenn man es selbst macht, beherzt genug sein.

Im Bauchbereich tasten Sie bei der Hündin die Milchleiste entlang, dort können sich gutartige, leider aber auch bösartige Geschwulste bilden. Kontrollieren Sie beim Rüden die Vorhautöffnung auf übermäßige Sekretspuren. Am Hinterteil schauen Sie sich Anal- und Scheidenöffnung an. Die Pfoten/Ballen werden auf Schnitte, Rötungen (könnten Milben sein), Fremdkörper untersucht, und die Krallen kontrollieren Sie auch gleich mit. Besonders zwischen den Zehen schauen Sie nach Fremdkörpern, die sich dort manchmal im Haar verhaken und dann Schmerzen verursachen können. Fertig ist die körperliche Inspektion.

▶ Vor dem Tierarztbesuch
Oft sind Sie nervös, wenn Sie zum Tierarzt müssen. Notieren Sie sich am besten das, was Sie fragen möchten und welches Symptom Ihnen wann und wie oft bei Ihrem Hund aufgefallen ist.

Bringen Sie gleich eine Kotprobe bzw. eine Probe des Erbrochenen mit, wenn Ihr Hund Probleme damit hat. Ihren Impfpaß sollten Sie ohnehin immer dabeihaben. Bei Hündinnen sollten Sie stets Auskunft geben können, wenn nach dem Zeitpunkt der letzten Läufigkeit gefragt wird.

▶ Infektionen und Impfungen
Hunde können – wie wir – jede Menge Infektionskrankheiten bekommen. Vor allem Hunde mit einem entwickelten Gesellschaftsleben sind vielfältigen Ansteckungsgefahren ausgesetzt. Eine gute Konstitution hilft schon, aber nicht überall schützen natürliche Abwehrkräfte. Gegen einige der schlimmsten Infektionskrankheiten kann man seinen Hund sichern: Tollwut, Staupe, Parvovirose, Leptospirose, Hepatitis. Die Tiermedizin hat einen Impfplan entwickelt, an den sie sich als verantwortungsbewußter Hundehalter auf jeden Fall halten sollen.

Eine Krankheit, die ganz ähnliche Symptome wie die Tollwut hat, nämlich

▶ Impfplan

Alter	Impfung gegen
6–8 Wochen	Parvovirose
8–10 Wochen	Staupe, HCC, Leptospirose
10–12 Wochen	Parvovirose
12–14 Wochen	Staupe, HCC, Leptospirose, Tollwut
jährliche Wiederholung	Leptospirose, Parvovirose, Tollwut
Wiederholung alle 1–2 Jahre	Staupe, HCC

PARASITEN 65

Juckreiz, Hecheln, Speichelfluß, heißt deshalb auch »Pseudowut«(Aujeszkysche Krankheit). Übertragen wird der Erreger im rohen Schweinefleisch. Die Krankheit ist nicht heilbar und führt unweigerlich zum Tode. Deshalb verfüttern Sie am besten gar kein Schweinefleisch. Am besten verfüttern Sie vorsorglich überhaupt kein rohes Fleisch.

Rohes »Fleisch« ist auch Mett, Hackfleisch, roher oder geräucherter Schinken, Salami usw.

Äußere Parasiten des Hundes:
a Hundefloh (2–3,5 mm),
b Zeckenmännchen und
c Zeckenweibchen (einige mm).

es schon relativ schlimm ist – am Flohkot auf der Haut Ihres Hundes. Schauen Sie auf jeden Fall die Skizze in diesem Buch an und vielleicht noch ein Foto in einem Naturkundelehrbuch – es lohnt sich, die Plagegeister zu kennen.

> **TIP**
> Wenn Ihr Welpe Durchfall hat, ist das sofort ein Anlaß zum Handeln. Wenn nicht nach einem Tag eine deutliche Besserung eintritt, empfiehlt sich immer der Tierarztbesuch.

> **TIP**
> Flöhe gehen nur zum Futtern auf ihren unfreiwilligen Wirt. Ansonsten suchen sie sich gemütliche Plätzchen zum Ruhen, zum Vermehren und zur Eiablage. Meist sind Hundebetten ideale Wohnstätten für Flöhe und deren Nachwuchs. Also halten Sie Schlaf- und Ruheplätze Ihres Hundes stets sauber.

▶ Parasiten

Nicht nur wir Menschen mögen Hunde. Flöhe, Milben und Zecken tun dies auch. Wenn Ihr Hund sich auffällig und lange die Pfoten leckt, könnte es sein, daß er Herbstgrasmilben hat. Sie erkennen die Plagegeister als orangefarbene Auflagerungen zwischen den Zehen. Ihr Tierarzt kann mit Salben und Einreibungen helfen.

Deutlich ärgerlicher sind Flöhe, die Ihr Hund überall aufgabeln kann. Flöhe sind nicht nur wegen der Stiche unangenehm, sie können auch Krankheiten übertragen. Flöhe mögen manchmal auch Menschenblut, und wenn Sie Pech haben, teilen Sie sich die Plagegeister mit Ihrem Hund.

Die Tiermedizin hat wirksame und einfach anzuwendende Präparate entwickelt. Flohbefall erkennen Sie daran, daß sich Ihr Hund kratzt, und – wenn

Würmer sind ebenso unerwünschte und teilweise noch gefährlichere Kostgänger als Flöhe. Die Tiermedizin hat hier ebenfalls eine Menge Hilfe zu bie-

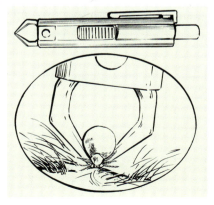

Es gibt inzwischen viele verschiedene Hilfsmittel und Ratschläge zum Zeckenentfernen. Die meisten Hundehalter kommen am besten mit dieser Zeckenzange zurecht.

ten. Aber wenn Sie regelmäßig Kotproben Ihres Hundes zur Untersuchung bringen, ist dies vielleicht etwas zeitaufwendiger, jedenfalls aber schonender und effektiver als diese häufigen Wurmkuren.

Die Zecke ist für Mensch und Tier ein Überträger gefährlicher Krankheiten. Hunde können ebenso wie wir an der von Zecken übertragenen Hirnhautentzündung erkranken und vor allem: Hunde können sich ebenfalls mit Lymeborreliose anstecken. Unerklärliche Lahmheit oder plötzlich auftretende Herzbeschwerden können Symptome sein. Rechtzeitig erkannt, hilft die Gabe von Antibiotika zuverlässig. In anderen Fällen leidet Ihr Hund lange Zeit, weil man nur an den Symptomen kuriert. Folgeschäden sind dann unausweichlich. Suchen Sie Ihren Hund also regelmäßig nach Zecken ab. Beraten Sie sich mit Ihrem Tierarzt über einen vorbeugenden Zeckenschutz, der auf Ihren Hund und auf Ihre Lebensumwelt zugeschnitten ist, und beobachten Sie verdächtige Symptome.

Es gibt jedes Jahr neue Empfehlungen, wie man eine Zecke am unschädlichsten entfernt. Wie auch immer: Die Zecke muß raus, und zwar möglichst schnell und vollständig. Versuchen Sie die Technik, die Ihnen am besten gelingt, und dann raus mit dem gefährlichen Parasiten.

▶ Läufigkeit und Zyklusstörungen

Hovawarthündinnen werden in der Regel zwischen ihrem 9. und 12. Lebensmonat das erstemal läufig. Manchmal beginnt die erste Läufigkeit bei Hovawarthündinnen auch deutlich später, das ist kein Grund zur Sorge.

> **Gebärmutterentzündung**
>
> Sie erkennen die Gebärmutterentzündung daran, daß meist drei bis acht Wochen nach der Läufigkeit die Hündin matt wird und vermehrt Durst hat. Wenn der Muttermund geöffnet ist, kann eitriger Scheidenausfluß austreten, ist er geschlossen, kommt es zur Umfangsvermehrung des Bauchs. Manchmal zeigen die Hündinnen auch Probleme beim Hinsetzen oder Aufstehen.

Die erste Läufigkeit bemerken viele Hundebesitzer erst am deutlichen Interesse der Rüden. Neben den körperlichen Symptomen für die nahende Läufigkeit gibt es bei vielen Hovawarthündinnen auch deutliche Verhaltensänderungen. Manche werden richtiggehend »zickig«, andere sind so auffällig gehorsam, daß es den meisten Haltern schon Sorge macht. Wieder andere zeichnen sich durch genau das entgegengesetzte Verhalten aus.

Der Abstand zwischen den beiden Läufigkeiten ist je nach Hündin verschieden. Viele werden in Abständen von einem halben Jahr läufig, viele haben aber eine deutlich größere Pause dazwischen.

Im Zusammenhang mit der Läufigkeit kann es zu Störungen kommen. Manche Hündinnen neigen zur Scheinträchtigkeit. Das bedeutet, die Hündin zeigt das Verhalten einer schwangeren Hündin und einer Hündin nach der Geburt. Das kommt daher, daß in den Eierstöcken die Gelbkörper nicht zurückgebildet werden und so zu einer hormonellen Störung führen.

In leichten Fällen gelingt es mit Arbeit, Ablenkung und viel Spiel, die Angelegenheit zu beenden. Wenn die körperlichen Symptome aber gravierend sind (Milchproduktion, Entzündungen etc.), braucht Ihre Hündin tierärztliche Hilfe.

Sie müssen sofort zum Tierarzt. Er entscheidet, ob er noch medikamentös helfen kann oder ob er eine Totaloperation vornehmen muß. Züchten sollte man mit einer solchen Hündin allerdings nicht.

▶ **Erste Hilfe**

Hovawarte sind wilde, ungestüme Kerle, sie sind deshalb leider auch verletzungs- und unfallgefährdet. Viele Hundevereine und manchmal auch Volkshochschulen bieten inzwischen Erste-Hilfe-Kurse für Hunde an. Besuchen Sie einen, und Sie sind für den hoffentlich nie eintretenden Ernstfall gewappnet.

▶ **Hunde-Hausapotheke**

Im Laufe seines Lebens wird Ihr Hund eine mehr oder weniger umfangreiche Hausapotheke brauchen. Was da hineingehört, sagt Ihnen zu Anfang Ihr Tierarzt und nach einiger Zeit Ihre persönliche Erfahrung im Umgang mit Ihrem Hund.

Folgende Hilfsmittel sollten Sie bereithalten: Zeckenzange, eine gerundete Schere, einen Beißschutz (Maulkorb oder Maulbinde), falls Ihr Hund sich so schwer verletzt hat, daß er um sich beißt, und ein eigenes digitales Fieberthermometer für Ihren Hund.

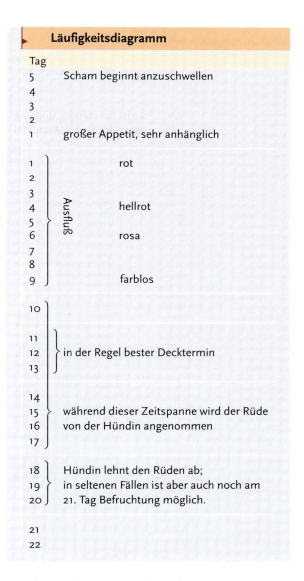

▶ **Läufigkeitsdiagramm**

Tag	
5	Scham beginnt anzuschwellen
4	
3	
2	
1	großer Appetit, sehr anhänglich
1	rot
2	
3	
4	hellrot (Ausfluß)
5	
6	rosa
7	
8	
9	farblos
10	
11	
12	in der Regel bester Decktermin
13	
14	
15	während dieser Zeitspanne wird der Rüde
16	von der Hündin angenommen
17	
18	Hündin lehnt den Rüden ab;
19	in seltenen Fällen ist aber auch noch am
20	21. Tag Befruchtung möglich.
21	
22	

▶ **Altern ist keine Krankheit**

Hovawarte werden erfreulicherweise recht alt für große Hunde. Nessys Ururopa wurde über 17 Jahre alt. Ich kenne viele Hovawarte, die dreizehn und vierzehn Jahre alt sind.

Bis zu ihrem zehnten Lebensjahr sind die meisten von ihnen recht fit und belastbar. Danach altern sie merklich, sind aber immer noch wunderbare Gefährten.

Alter ist keine Krankheit, aber im Alter können verschiedene Krankheiten

> **Der alte Hund**
>
> Altern heißt bei Hovawarten wie bei Menschen, daß die Anpassungsfähigkeit an Temperaturveränderungen nachläßt. Man braucht länger, um sich auf Wärme und Kälte einzustellen. Das sollten Sie berücksichtigen.

auftreten und verschiedene Verschleißerscheinungen zu Beschwerden führen.

Leider erkranken unsere Hunde ebenso wie wir an Krebs, vornehmlich die älteren Tiere.

Ältere Hunde zeigen häufiger als junge Hautveränderungen, Warzenbildung oder Haarausfall, verstopfte Talgdrüsen und gutartige Tumore.

Bei älteren Hündinnen kann es zu Unregelmäßigkeiten bei der Läufigkeit kommen und manchmal infolge dessen zu Gebärmutterentzündungen und Gebärmuttervereiterungen. Alte Rüden können unter Prostatavergrößerungen (auch bösartigen) leiden.

Zähne und Zahnfleisch bedürfen Ihrer erhöhten Aufmerksamkeit.

Die Linsen der treuen Hundeaugen trüben sich ein. Viele alten Hunde bekommen den Grauen Star, mit dem sie aber lange Zeit gut leben können.

Die großen Filteranlagen des Hundekörpers sind im Alter oft schon ziemlich verbraucht. Alte Hunde können anfällig für Blasen- und Nierenstörungen sein: Inkontinenz kann vorkommen, wogegen es allerdings recht gute Medikamente gibt.

Alte Hovawarte hören manchmal schlechter oder tun so: Der beste Hörtest bei einem Hovawart ist das Öffnen der Kühlschranktür, während er im Wohnzimmer ist.

Das alte Herz braucht fast immer etwas Stärkung und die rechtzeitige Aufmerksamkeit des Tierarztes.

Verschleißerscheinungen am Bewegungsapparat machen sich manchmal schmerzhaft bemerkbar; dann kann der Tierarzt helfen.

Die Fellpflege ist, wegen des meist üppigen Haarkleides des alten Hovawarts, nicht mehr so einfach und wird oft nicht mehr so lustvoll geduldet wie früher.

Wenn Sie im Alter Ihrem Hovawart einfach der Freund und fürsorgliche Leithund bleiben, der Sie immer für ihn waren, brauchen Sie sich nicht vor diesem Lebensabschnitt zu fürchten, sondern Sie dürfen ihn quasi als die Erntezeit einer gemeinsamen Arbeit erleben.

Zu Recht fürchten müssen Sie nur den Abschied von Ihrem Freund. Der Verlust eines Hundes ist immer eine Tragödie. Der Schmerz ist groß. Unser Recht und unsere Pflicht ist es, dafür zu sorgen, daß unser Freund friedlich in die ewigen Jagdgründe wechselt. Selbst wenn man vernunftgemäß weiß, daß die Entscheidung für das Einschläfern tiergerecht und wohlgetan sein wird, bleibt dies für viele ein Trauma. Vor diesem letzten großen Schmerz kann niemand Sie bewahren. Vermeiden können Sie ihn nur, wenn Sie erst gar keinen Hund zu sich nehmen. Aber damit würden Sie auf eine der großartigsten Erfahrungen verzichten, die wir Menschen machen können: die Liebesgeschichte zwischen Hund und Mensch, zwischen zwei Arten, die Konkurrenten waren und Freunde wurden.

Erziehung leichtgemacht

Erziehung leichtgemacht

70 ▶	Erziehung – wozu eigentlich?	79 ▶	Der klassische Grundgehorsam
70 ▶	Verstehen und Verständigung	84 ▶	Begleithundeprüfung
74 ▶	(Rang-)Ordnung muß sein	85 ▶	Richtig spielen
76 ▶	Für das Leben lernen		

▶ Erziehung – wozu eigentlich?

Hovawartinteressenten sind oft sehr nette, freundliche und umgängliche Leute, die meinen, daß es ihr Hund vor allem gut haben soll: kein ständiges Genörgel, kein Kasernenhofdrill, kein zackiger Gehorsam. Partnerschaftlich soll die Beziehung sein. Der Hund soll seine Menschen lieben, nicht fürchten. Das sind alles sehr sympathische Einstellungen, aber Hunde sind keine »Demokraten«. Sie tun Ihrem Hund keinen Gefallen, wenn Sie denken: Mein Hovawart soll es besser haben als ich!

Sie sollten menschliche Wünsche nicht auf Ihren Hovawart übertragen. Wenn Sie Ihrem Hund ein schönes Leben bieten wollen, dann versuchen Sie vor allem, ihm ein möglichst hundegerechtes Leben zu bieten.

Ihr Hovawartwelpe würde sich, als Nachfolger für seine in Hundefragen hochqualifizierte Frau Mama, vor allem einen tollen Chef wünschen. Natürlich würde er sich keinen Chef wünschen, wie er in vergangenen Zeiten bei den Menschen häufig war: herrisch, unberechenbar, wechselhaft. Hovawarte wollen moderne, leistungsfähige Chefs: menschliche Leithunde, die klug und vorausschauend sind, mutig und vorsichtig, überlegen, aber nicht arrogant, respekteinflößend, aber nicht angstmachend, Chefs, die einfach alles besser wissen und bei denen man gut daran tut, sich an ihnen zu orientieren.

Werden Sie das Vorbild Ihres Hundes, und er wird Sie verehren. Seien Sie der coole, überlegene Leithund, der es kaum nötig hat zu imponieren, wenn es aber nötig ist, schnell, konsequent und wirksam schlechtes Benehmen korrigiert. Ich mache Ihnen in diesem Kapitel Vorschläge, wie Sie ein guter Hovawartchef werden können.

FRÜH ÜBT SICH ... ▶ Schieben Sie aber den Beginn von Erziehung und Ausbildung nicht auf irgendeinen späteren Zeitpunkt hinaus. Erziehung beginnt sofort, wenn Ihr Welpe bei Ihnen ist. Er ist in der Prägephase. Jetzt ist er lernwillig. Wenn Sie seinen Lernprozeß nicht von Anfang an steuern und gestalten, lernt Klein-Hovi natürlich trotzdem, aber viel Unerwünschtes, das Sie ihm dann später wieder mühsam abgewöhnen müssen.

▶ Verstehen und Verständigung

Zunächst sollten Sie sich klarmachen, daß ein Hund erst einmal Ihre Sprache lernen muß. Stellen Sie sich vor, Sie wären in China und jemand würde Ihnen zunächst nett, später zunehmend laut und ungehalten mit drohender

Haltung einen Schwall völlig unverständlicher Vokabeln entgegenschleudern. Es ist verständlich, daß Sie allmählich in Panik geraten und sich vor Angst möglicherweise unangemessen verhalten. Erst wenn man Ihnen mit Gesten deutlich macht, daß Sie doch bitte das Restaurant verlassen sollen, weil heute wohl Ruhetag ist, folgen Sie erleichtert den Wünschen des Personals.

Denken Sie bitte an das Beispiel, wenn Sie einem jungen Hund etwas verdeutlichen wollen. Also bitte nicht umständlich erklären. Ihr Hund hört nur: »Setzdichdochendlichhinwennichplatzsagearkoeskanndochnichtsoschwerseinsetztdudichjetzttendlich!?«

Sagen Sie das Wort (das Hörzeichen) in dem Moment, in dem der Kleine eine erwünschte Handlung macht, und loben Sie ihn. Setzt er sich, dann sagen Sie: »Siiiitz! So ist es brav!« und loben Ihren Welpen gleich auch körperlich.

Das Lernen Ihres Welpen funktioniert nach einem einfachen Prinzip. Er ordnet die Erfahrungen, die er macht, in die Schubladen »tut mir gut« oder »tut mir nicht gut«. Sorgen Sie dafür, daß erwünschtes Verhalten deshalb immer »belohnt« wird. Setzt der Welpe sich auf Ihren Wunsch, dann zeigen Sie ihm deutlich Ihre Zufriedenheit.

Erziehungsprinzipien

- Im Prinzip ist das Ziel jeder Erziehung, daß Sie beide ein gutes Team werden, in dem sich jeder auf den anderen verlassen kann.
- Im Prinzip sollte es für Ihren Hovawart nichts Wichtigeres geben als Sie, seinen Leithund und Lieblingsmenschen.
- Im Prinzip können Sie sich, falls Ihr Hund mal abgelenkt sein sollte, stets für ihn so interessant machen, daß er alles liegen- und stehenläßt, um zu Ihnen zu kommen.
- Im Prinzip ist jegliche Lernarbeit Beziehungsarbeit. Sind Sie ein guter Lehrer, wird Ihre Beziehung zueinander vertieft und gefestigt. Sind Sie schlecht, verlieren Sie die Anerkennung und die Zuneigung Ihres Hundes.

TIP
Die Belohnung mit Futter ist sehr effektiv, aber es sollten ganz kleine »Brösel« sein. Belohnen sollte nicht in eine Mahlzeit ausarten, und außerdem sollten die Belohnungsstückchen natürlich in die tägliche Futterberechnung aufgenommen werden.

Nicht nur schnell mal »braver Hund« vor sich hin murmeln. Wenn Ihr Welpe etwas recht macht, dann wird er mit hoher, begeisterter Stimme bestätigt, dann können Sie ein bißchen mit ihm spielen, Sie können ihn auch ab und zu mit winzigen Futterbröckchen belohnen.

Richtig bestätigen und richtig korrigieren ist das Geheimnis jeder erfolgreichen Hundeerziehung. Ganz wichtig dabei ist der richtige Zeitpunkt der Bestätigung oder der Korrektur. (Fast) jeder weiß inzwischen, daß es nichts bringt, wenn man einen Hund ausschimpft, wenn er in unserer Abwesenheit zum Beispiel den Napfkuchen für

Lob und Tadel

Lob und Tadel haben nur dann einen Sinn in der Hundeerziehung, wenn sie ganz direkt und unmittelbar auf das Verhalten folgen. Sofort oder gar nicht, heißt hier die Regel.

den Nachmittagskaffee gefressen hat. Der Hund bezieht den Tadel nicht auf die Schandtat, sondern darauf, daß Sie gerade heimkommen. Er »denkt«: »Aufpassen, wenn das Alttier heimkommt, gibt es Ärger«. Er wird künftig ausweichen, wenn Sie heimkommen.

GUT VERKNÜPFT HÄLT EWIG ▶

Klappt dies, dann verknüpft Ihr Welpe ein bestimmtes Verhalten mit einer bestimmten positiven oder negativen Konsequenz. Verknüpfen nennen Kynologen dies deshalb, um zu verdeutlichen, daß ein solcher Lernprozeß fest verankert ist.

Verknüpfen findet auch immer dann statt, wenn Sie Ihrem Welpen ein Wort zur Tat beibringen, also all die Hörzeichen, die ein Hund kennen sollte: Sitz, Platz, Fuß usw. Hat diese Verknüpfung richtig stattgefunden, hält sie ein Hundeleben lang.

Achten Sie beim Loben Ihres Welpen auch immer darauf, daß Sie nicht »falsch« loben. Sie können dadurch geradezu ein Verhalten trainieren, das Sie eigentlich abgewöhnen oder verhindern wollten.

Ein häufiges Beispiel ist, daß Hundeanfänger ihrem Welpen die Angst vor anderen Hunden geradezu beibringen. Ihr Welpe trifft einige andere, vielleicht erwachsene Hunde. Vielleicht ist Ihr Welpe jetzt beeindruckt und sucht Ihre Nähe. Natürlich wollen Sie jetzt Ihren Kleinen trösten, Sie nehmen ihn eventuell auf den Arm und sagen: »Keine Angst, Putzilein, das sind gaaaanz liebe Hundchen!« Das ist leider vielleicht der Start in eine Karriere als Angstbeißer oder als Angreifer, weil der Welpe für sein ängstliches Verhalten belohnt wurde. Sie haben ihn nicht getröstet, sondern sein ängstliches Verhalten bestätigt. Sie trainieren ihn auf problematisches Sozialverhalten.

Ängstliches Verhalten dürfen Sie also durch Ihr verständliches Bedürfnis zum Trösten nie bestätigen oder belohnen. Wenn Ihr Welpe beim Autofahren wimmert oder wenn er jammernd versucht, sich einer tierärztlichen Inspektion zu entziehen, dann »trösten« Sie ihn nicht! Zeigen Sie Ihre Verwunderung oder Ihr Befremden, oder ignorieren Sie sein Verhalten, sonst haben Sie ein Hundeleben lang Ärger im Auto und beim Tierarzt.

Überlegen Sie also genau, was Sie tun, und besonders dann, wenn es um möglicherweise falsches Loben geht. Ihr Welpe folgt Ihnen, wenn er Ihnen vertraut, auch über Gitterroste und auch an das Reiterdenkmal von Kaiser Wilhelm, das am Marktplatz so furchterregend aufragt. Eine für den Welpen bedrohliche Situation richtig auflösen, sagen die Hundeausbilder dazu. Also nicht Angst bestätigen, sondern ignorieren und zeigen, daß das angstauslösende Objekt harmlos ist.

KORRIGIEREN – ABER RICHTIG! ▶

Vielleicht stellen Sie sich jetzt vor, daß es bei einem Welpen wichtiger ist, Dinge zu verbieten, als zu loben. Das

Gruppenarbeit: Die Hunde lernen, daß trotz reizvoller Ablenkung durch Freunde (und Feinde!) nur eines gilt – die Hörzeichen befolgen!

stimmt aber nur bedingt. Aber für das Korrigieren gilt ganz genau das Gleiche wie für das Bestätigen. Der Zeitpunkt muß absolut richtig sein, also nur dann korrigieren, wenn die Schandtat passiert. Alle Untaten, die nicht in flagranti geahndet werden, sind verjährt. Es macht keinen Sinn, später zu »strafen«, weil der Hund die Strafe nicht mehr mit der Untat verbinden kann.

Zwei Formen der Korrektur müssen wir unterscheiden. Einmal die Fehler, die ein Hund zum Beispiel beim Lernen einer Übung macht. Hier korrigieren wir vorsichtig und sanft. Schließlich kann man nur lernen, wenn man nicht durch Angst abgelenkt wird. Im folgenden sprechen wir aber von solchen Korrekturen – manche nennen es »Tabus setzen«, die wir einsetzen bei Verhalten, das wir nicht wünschen oder das für unseren Welpen gefährlich ist.

Am wirkungsvollsten erfolgt eine Korrektur immer dann, wenn der Welpe nicht merkt, daß Sie korrigieren, sondern die Strafe praktisch vom Himmel fällt. Ihrer Phantasie sind keine Grenzen gesetzt, wenn es darum geht, wie Sie Ihrem Hovawart etwas vermiesen: zum Beispiel Tapeten nagen, Schuhe zerlegen, Gummibaum fällen, Sofakissen aufschlitzen, Kaffeetafel abräumen, die gesamte Post eines Tages schreddern (bevor sie jemand gesehen hat), Rehbraten entsorgen usw.

Nicht alle Welpen reagieren auf die verschiedenen im Umlauf befindlichen Geheimtips. Meine kleine Nessy fand zum Beispiel Tabascosauce auf dem Topfrand der großen Palme keineswegs abschreckend. Ein hinterhältiger Spritzer mit der Wasserpistole während einer (von uns provozierten) Wiederholungstat wirkte dagegen Wunder.

NEIN! LASS DAS! ▶ Manche Dinge müssen Sie aber schon persönlich und deutlich korrigieren. Ihr Ziel sollte sein, daß Ihr Welpe lernt, wenn das Hörzeichen »Nein« kommt, lasse ich besser ganz schnell von meinem Vorhaben ab.

> **TIP**
> *Versuchen Sie also möglichst viele Schandtaten von der »Umwelt« (Geräusche, Gerüche, Wasser usw.) bestrafen zu lassen. Wenn Ihr Welpe dann zu Ihnen rennt, zeigen Sie sich neutral, vielleicht befremdet, aber trösten Sie ihn nicht – Sie wissen schon, sonst lernt er wieder etwas Falsches!*

Schauen wir, wie Hundeeltern Ihren Nachwuchs korrigieren, dann haben wir schon alles, was wir brauchen. Erst mal gibt es wie beim Fußball die gelbe Karte: ein dumpfes Grollen warnt den Sprößling. Meist genügt das schon, und nur die ganz frechen brauchen etwas mehr Nachdruck. Unser »dumpfes Grollen« ist ein drohendes »Nein«.

Reagiert unser kleiner Freund nicht, machen wir wirklich kurzen Prozeß: Wir packen ihn am Nackenfell, heben ihn hoch und starren ihm wütend in die Augen. »Nein!«. Fangen Sie erst gar nicht mit dem oft empfohlenen Nackenschütteln an. Moderne Hundetrainer raten davon ab. Das Nackenschütteln ist im Hunderudel entweder eine freundlich-spielerische Geste, oder es wird damit die Beute totgeschüttelt. Beides wollen wir unserem Welpen ja nicht vermitteln. Also packen Sie ihn dort, wo Frau Mama ihn schon am Wickel hatte, und zeigen Sie Ihren Unwillen.

Ganz renitente Burschen kann man – zumindest solange sie Welpe sind – auch mal schnell in die Rückenlage bringen. Wieder wird der Frechdachs von uns dominantem Alttier angestarrt. Wenn er wegschaut und damit seinen niedrigen Rang anerkennt, ist er entlassen. Der Wurf in die Rückenlage ist ein sehr dominantes Korrigieren. Sie sollten das äußerst sparsam einsetzen, sonst entwerten Sie es.

Auch der Griff über die Schnauze wird in der modernen Literatur als artgerechte Dominanzgeste empfohlen. Diese Geste ist bei Frau und Herr Hund abgeschaut: Dominante Tiere nehmen die Schnauze untergeordneter Rudelmitglieder öfter in den eigenen Fang. Jungtiere provozieren diese Geste manchmal geradezu, indem sie ihre Schnauze in den Fang der dominanteren Tiere bohren. Diese Geste ist nicht eigentlich eine Strafaktion, sondern eher ein gelegentlicher Hinweis auf die Rangfolge. Wir können uns das zunutze machen, indem wir uns ähnlich verhalten. Unsere Hand wird dabei stellvertretend zum Fang des dominanten Alttieres. Wir schließen sie über der Schnauze unseres Welpen, und er bekommt so hoffentlich noch mal unterstrichen, wer das Sagen hat.

Wie immer und für was immer Sie bestraft oder korrigiert haben: Seien Sie dabei bitte immer cool. Danach ist die Angelegenheit für Sie sofort erledigt, und Sie gehen zur Tagesordnung über.

▶ **(Rang-)Ordnung muß sein**
Sie möchten vielleicht gar kein Boß sein. Das ist sympathisch, und im menschlichen Sinne autoritär sollte ein guter Leithund auch nicht sein. Aber in allen Situationen führen, das sollten Sie schon, denn das erwartet Ihr Hovawart.

Rangordnung im Alltag

Essen – Sie essen stets zuerst, falls Sie den Welpen zu Ihren Essenszeiten füttern wollen. Er wartet, bis der »Leithund« satt ist, dann bekommt er die »Reste«. Selbstverständlich geben Sie ihm nicht die Reste Ihrer Mahlzeit, sondern sein Futter. Für Ihren Welpen ist das der eigentlich normale Vorgang. Jede Mahlzeit zeigt ihm aufs neue, wo sein Platz in der Rangordnung des Rudels ist. Nutzen Sie diese Lernmöglichkeit.

Nehmen Sie Ihrem Welpen ruhig ab und zu kurz seine Futterschüssel oder seinen Büffelhautknochen weg. Wenn er das respektvoll duldet, bekommt er Futter oder Knochen gleich wieder. Wenn nicht, bekommt er Ärger. Aber lassen Sie diese Übung nie Ihre Kinder machen. Das ist kein Spiel, sondern eine Rangdemonstration, und die machen Sie und sonst niemand.

Spazierengehen – Sie bestimmen, wohin der Spaziergang führt. Zeigen Sie Ihrem Hund Ihren Rang: geht er bei der Wegkreuzung links, biegen Sie rechts ab. Sie können zwar auch ab und zu einmal ihm folgen, Sie sollten aber meist deutlich machen, daß Sie über Art und Zeitpunkt des Richtungswechsels entscheiden.

Tür – Sie gehen stets zuerst durch Türen jeder Art. Aus der Haustür auf die Straße rennt ein so erzogener Hund natürlich auch nicht.

Spielen – Sie bestimmen Beginn und vor allem auch das Ende des Spiels. Auch wenn Ihr Welpe noch so goldige Spielaufforderungen macht – verkneifen Sie Ihre Lust, ihm zu folgen. Zeigen Sie sich etwas blasiert oder gelangweilt, und beginnen Sie selbst daraufhin zwei, drei Minuten später das Spiel. Er lernt, daß Sie der Boß sind, und freut sich trotzdem und vielleicht noch mehr darüber, daß Sie mit ihm spielen.

Spielzeug hergeben – Wenn Sie das wünschen, muß Ihr kleiner Freund stets sein Spielzeug rausrücken – ohne Wenn und Aber. Sie können ihm seinen Ball, nachdem Sie ihn begutachtet haben, immer wieder zurückgeben – schließlich sind Sie ja kein Unhund. Sie können während des Spiels ohnehin immer wieder kleine Gehorsamsübungen einbauen. Dabei lernt Ihr Hund, daß er auch bei höchster Aktivität und Lust auf Sie und Ihre Wünsche achten soll.

Manipulationen ertragen – Ihr Welpe und später Ihr erwachsener Hovawart soll es dulden, daß Sie ihn überall anfassen, daß Sie ihm ins Maul schauen und fassen, daß Sie aus seinem Fell und seiner Haut Fremdkörper oder auch Parasiten entfernen. Er soll dulden, daß Sie ihn auf die Seite legen und seinen Bauch anschauen. Das ist einmal eine sehr gute Dominanzdemonstration, zum anderen eine wichtige Lektion für Ihr ganzes gemeinsames Leben.

Schmusen – Hovawarte haben ein großes Zärtlichkeitsbedürfnis. Sie schmusen fast alle furchtbar gern. Auch hier gilt: Sie sollten in den meisten Fällen (falls Sie das fertigbringen) die Schmuseaufforderung Ihres Hundes erst einmal ignorieren, d.h. eine kleine Wartezeit einhalten.

Schnauzengriff – Der Schnauzengriff, über den wir weiter vorne schon gesprochen haben, ist ebenfalls eine gute Demonstration Ihres Rangs, die Sie öfter einsetzen können.

Tun Sie es nämlich nicht, wird er diese Entscheidungen dann an Ihrer Stelle treffen. Hunde kennen kein gemeinsames Entscheiden und Ausdiskutieren. Wenn Sie sich nicht bemühen, den Hund in Ihr »Rudel« richtig einzuordnen, machen Sie ihn unsicher und letztlich unglücklich.

Im Kasten auf Seite 75 einige Vorschläge dazu, wie Sie Ihren höheren Rang auch im normalen Alltag, ganz nebenbei demonstrieren können. Versuchen Sie im Hundesinne der Boß zu sein, und Sie haben es gerade mit einem später recht dominanten Hovawart deutlich leichter.

HÖR- UND SICHTZEICHEN ▶ Hörzeichen werden am meisten eingesetzt. Sichtzeichen werden inzwischen auch in der Ausbildung und Erziehung von Familienhunden gern verwendet. Außerdem lernt der Hund dadurch, daß er Sie aufmerksam beobachten muß.

HUNDEPFEIFEN ▶ Hundepfeifen aus Horn oder Kunststoff werden von Jägern schon immer eingesetzt. Der Doppelpfiff dient ihnen zum Heranrufen des Hundes. Der einfache Pfiff fordert vom Hund das Sitzen, egal, wo er gerade ist. Der Triller schließlich verlangt das sofortige Platz.

Auch in der Erziehung der Familienhunde wird die Pfeife heute gern verwendet. Sie hat einen ganz entscheidenden Vorteil: beim Pfeifen hört der Hund die Stimmung seines Menschen nicht. Das ist deshalb sehr gut, weil wir (vor allem wir Frauen) beim Rufen unsere Wut oder Angst oder Aufregung nicht verbergen können. Ihr Hovawart wird dann genau überlegen, wo der Gegenstand unserer Aufregung oder Angst sein könnte und wie er darauf reagieren kann. Eine Pfeife hört Ihr Hund im Notfall sogar auf große Distanz.

BESTEHEN SIE AUF IHREN ANORDNUNGEN ▶ Gleichgültig, welche Art Zeichen Sie geben, bestehen Sie stets darauf, daß Ihr Hovawart sie auch ausführt. Wenn Sie das nicht können, weil Sie keine Möglichkeit haben, sich durchzusetzen, dann verzichten Sie lieber auf ein Zeichen und überlegen sich einen Trick. Hat Ihr Hovawart nämlich einmal erfahren, daß er gehorchen muß oder auch nicht, dann gilt für einen anständigen Hovawart natürlich das »oder auch nicht«.

ZEICHEN WIEDER AUFHEBEN ▶ Genauso wichtig ist, daß Sie ein gegebenes Zeichen wieder aufheben. Überlegen Sie sich ein Wort oder einige Wörter, die Sie immer dann sagen, wenn Ihr Hund sich wieder nach eigenem Ermessen bewegen darf. Sagen Sie zum Beispiel »Lauf jetzt«, weiß Ihr Hovawart, daß er vom »Platz« wieder aufstehen darf. Lassen Sie nicht zu, daß Ihr Hund selbst entscheidet, wann eine Übung beendet ist. Bringen Sie ihn, falls er aus dem »Platz« aufsteht, sofort wieder dazu, daß er wieder »Platz« macht. Neben der Demonstration Ihres Ranges machen Sie ihm klar, daß das, was Sie sagen, gilt.

▶ Für das Leben lernen

Sie müssen nicht alles machen und nicht alles so machen. Aber Sie müssen sich auf jeden Fall überlegen, was Ihr Hovawart später können soll, und das müssen Sie ab sofort mit ihm üben. Jeder sollte einen Lehrplan für seinen Hund aufstellen.

HALSBAND UND LEINE ▶ Die meisten Züchter gewöhnen die Welpen schon früh an das Halsband. Aber auch wenn dies nicht geschehen ist, machen Hovawarte damit meist kein Getue. Legen Sie Ihrem Welpen das Halsband im Vorübergehen an, und machen Sie kein großes Aufsehen darum. Falls Ihr Welpe wider Erwarten doch bockig reagiert, verknüpfen Sie Halsband und Leine mit etwas Nettem. Denken Sie daran: zwischen Hundehals und Halsband sollte immer zwei Finger breit »Luft« sein.

AUSLASSEN ▶ Auf das Hörzeichen »Aus« oder was immer Sie sagen wollen, sollte Ihr Hund stets alles, was er im Fang hat, herausgeben. Das Trainieren dieses Hörzeichens ist unter Umständen lebensrettend für Ihren Hund, falls dieser mal Giftiges oder Unverdauliches im Fang hat und schlucken will. Sie können es Ihrem Welpen auf die nette Art beibringen, also bieten Sie ihm irgendeine Leckerei zum Tausch an und fordern »Aus«. Wenn er so lernt, ist das prima, ansonsten müssen Sie mit dem Schnauzengriff diesen Gehorsam fordern. Laufen Sie Ihrem kleinen Schluckspecht aber nie hinterher. Er denkt sonst, daß jetzt eine (lustige) Hetzjagd nach seiner Beute beginnt, und die gewinnt er immer!

BEISSHEMMUNG ANPASSEN ▶ Bei seinen Geschwistern hat Ihr Welpe gelernt, wie stark er zubeißen darf, damit die anderen es als Liebkosung und nicht als Körperverletzung empfinden. Sie haben ja nun mal ein entschieden dünneres »Fell« als ein Hovawart. Dies sollte Ihr Welpe schnell lernen. Wenn Ihr Welpe also zu stark zubeißt beim Kosen und Spielen, sagen Sie das Wort, das Sie künftig verwenden wollen, zum Beispiel »Aua!« oder »Sanft!« und entziehen ihm Ihren Arm. Er bekommt ihn aber sofort wieder »angeboten«, denn er muß ja lernen, wie er seinen Biß bei Ihnen dosieren soll. Also gleich wieder spielen, vielleicht auch gerade mal ein Raufspiel mit ihm machen. Er lernt schnell, den Druck seines Fangs zu dosieren.

KINDER ▶ Hovawarte sind so kinderfreundlich wie die meisten Hunde. Sie sind freundlich zu Kindern, wenn man sie früh mit ihnen bekannt macht. Sie sind so lange kinderfreundlich, wie sie keine schlechten Erfahrungen machen und die Kinder hundefreundlich sind. Manchmal haben sie noch sehr viel länger Geduld, als manche Kinder das verdienen. Kleine Kinder und große Hunde sollten im Interesse von Kind und Hund ohnehin nicht unbeaufsichtigt gelassen werden. Der Hovawart wird Ihre Kinder lieben, wenn Sie nichts falsch

> ### Anleinen
>
> Wenn Sie Ihren Hund anleinen wollen, achten Sie darauf, daß Sie nicht immer auf seinen Kopf zugrabschen. Das machen viele, weil man annimmt, so erwischt man ihn am schnellsten. Tun Sie es nicht. Ihr kleiner Schlauberger weicht dieser Handbewegung nämlich schnell und effektiv aus. Erstens sollte er möglichst freiwillig und freudig zu Ihnen kommen, und zweitens, wenn das mal nicht so ist, klauben Sie ihn einfach im »Vorübergehen« auf.

machen. Aber der Hovawart ist kein Hund, den Sie für Ihr Kind kaufen sollten. Kein Kind kann für einen Hovawart eine Respektsperson sein, folglich kann zum Beispiel kein Kind allein mit einem Hovawart spazierengehen. Wenn Sie einen Hund für Ihr Kind wollen, dann suchen Sie sich einen kleineren und unterordnungswilligeren Hund aus.

HAUSTIERE ▶ Ein Hovawart hat keinerlei Probleme mit Ihren anderen Haustieren – Sie sollten ihm von Anfang an klarmachen, daß Ihre Haustiere weder Spielzeug noch Beute sind. Katzen, Vögel, Gänse, Enten, Hühner, Pferde, Kühe, Schafe und Schweine – alles kein Problem. Was Ihr Hovawartwelpe bei seiner Ankunft leicht und gern akzeptiert, wird ihm später schwieriger zu vermitteln sein.

AN DER LEINE NEUTRAL SEIN ▶ Falls Sie diese Übung konsequent durchhalten, erleichtern Sie sich das Leben kolossal. Aber meist verleiten uns nette andere Hundebesitzer, den eigenen guten Vorsätzen untreu zu werden. Versuchen Sie es, es lohnt sich wirklich. Gewöhnen Sie Ihren Welpen daran, keinen Spiel-, Schnupper- und sonstigen Kontakt zu anderen Hunden zu haben, wenn er an der Leine ist. Auch wenn das schwerfällt, haben Sie später einen Hovawart, der Sie nicht aus den Pantoffeln zieht, wenn er auf der gegenüberliegenden Straßenseite die tolle Diana sieht, die er so verehrt. Sie haben einen Hund, der weiß: »Wenn ich an der Leine bin, gibt es nichts anderes als meinen Boß und mich, alles andere interessiert nicht.«

BERÜHRUNGEN DULDEN ▶ Auch wenn Ihr Welpe keine verfilzten Haare

> **Folgen ohne Kompromisse**
>
> Vergessen Sie aber nicht: Wenn Ihr Hund weiß, was »Sitz« bedeutet, und Sie das Hör- oder Sichtzeichen dafür geben, dann muß er sich setzen, da gibt es keine Kompromisse. Alle Ihre Zeichen soll Ihr Hund nach der ersten Aufforderung befolgen.

hat und eigentlich noch überhaupt nicht gebürstet werden braucht: Tun Sie es! Wenn Sie nämlich erst mit dem Üben anfangen, wenn Ihr Hund sein Erwachsenenfell hat, wird es schwieriger.

NICHT OHNE ERLAUBNIS AUF ANDERE HUNDE ZURENNEN ▶ Wenn Ihr fröhlicher, übermütiger Hovawart auf einen entgegenkommenden Hund zuspringt, werden die meisten anderen Hundebesitzer etwas nervös, denn Ihr Hovawart ist oft größer als der Hund, der Ihnen entgegenkommt. Es ist nützlich, wenn Ihr Hovawart gelernt hat, daß er nicht von sich aus zu anderen Hunden darf, sondern daß er auf Ihre Erlaubnis warten soll. Das dient übrigens auch seinem eigenen Schutz.

NICHT ZU WEIT VOM MENSCHEN ENTFERNEN ▶ Ihr Welpe wird sich im eigenen wohlverstandenen Interesse und instinktgemäß nicht zu weit von Ihnen entfernen. Versuchen Sie, daß auch der größere Hund, immer in einem Radius um Sie bleibt, innerhalb dessen Sie ihn noch kontrollieren können. Wenn sich Ihr unternehmungslustiger Hovawart nämlich mal daran gewöhnt hat, daß er in hundert Meter Abstand um

Sie seine Kreise zieht, haben Sie keinerlei Chancen, auf ihn einzuwirken.

AUTOFAHREN ▶ Ihr Hovawart wird das Auto lieben, wenn Sie nichts falsch machen. Fast alle Hunde tun das, denn das Auto bringt sie zu vielen herrlichen Abenteuern. Die Fahrt vermittelt darüber hinaus das Gefühl der schnellen Jagd, wenn links und rechts Landschaft, Menschen und Fahrzeuge vorbeigleiten. Machen Sie ihm also das Autofahren angenehm. Packen Sie Ihren Hund nicht nur ins Auto, wenn er zum Tierarzt soll. Fahren Sie die erste Zeit – wenn möglich – zusammen mit Ihrem Welpen auf dem Rücksitz. Füttern Sie ihn vorher nicht – es könnte ihm in der ersten Zeit schlecht werden.

Wichtig ist beim Autofahren aber auch, daß Sie Ihren Welpen sofort daran gewöhnen, daß er nur auf Ihre Aufforderung aussteigen darf. Falls Ihr Wirbelwind nach draußen drängt, machen Sie einfach die Tür wieder zu, so oft und so lange, bis er manierlich wartet.

NICHT STEHLEN ▶ Hovawartwelpen entwickeln erstaunliche körperliche Leistungen beim Dehnen, Strecken und im Hochsprung, wenn es darum geht, den Sonntagsbraten und ähnliches zu stehlen. Sie tun gut daran, von Anfang an das Anständigsein zu üben. Am besten, indem Sie dem möglichen Straftäter eine Falle stellen. Also einen Leckerbissen verführerisch plazieren und dem Welpen nicht gestatten, daß er stiehlt: Nein! Diese Übung werden Sie mit einem gesunden normalen Hovawartwelpen meist sehr oft hintereinander machen müssen, bis er schließlich von seiner finsteren Absicht abläßt. Dann aber dürfen Sie ihm einen Leckerbissen geben, den hat er sich verdient, aber bitte nicht den, den er gerade zu stehlen versuchte.

▶ Der klassische Grundgehorsam

Die Übungen, die Sie vielleicht schon kennen, quasi die Hauptfächer der Hundegrundschule, haben alle einen praktischen Sinn. Sie machen Ihren Hund in unterschiedlicher Weise kontrollierbar.

»Sitz« stellt ihn vorübergehend ruhig, »Platz« sorgt dafür, daß Ihr Hund längere Zeit an dem ihm zugewiesenen Platz verharrt.

Und das »Hier« schließlich ist sicher eines der wichtigsten Hörzeichen, die Ihr Hund befolgen sollte.

Auf Hundeplätzen und bei manchen Trainern wird auch noch das Hörzeichen »Bleib« an das »Sitz« und das »Platz« angefügt. Eigentlich ist das aber nicht nötig, denn das, was Sie einmal gesagt haben, sollte für Ihren Hovawart so lange gelten, bis Sie es wieder aufheben.

> **TIP**
> *Wenn Ihr Hund die Übung schon nach dem ersten Mal richtig macht, wird die »Unterrichtsstunde« beendet. Sonst meint er, er muß etwas korrigieren. Andersherum gilt das auch: Hören Sie jede Übung mit einem Erfolg auf.*

LERNZEITEN KURZ HALTEN ▶
Gleichgültig, was Sie mit Ihrem Welpen und später dem Junghund üben, für alle Hunde gilt: Lernzeiten sollen kurz sein. Welpe und Junghund können sich gar

Sitz! Das dazugehörige Sichtzeichen ist der erhobene Zeigefinger. Der perfekte Hund befolgt Hör- und Sichtzeichen auch auf Entfernung.

nicht so lange konzentrieren, und Spaß haben Sie ebenfalls nicht lange an einer Sache. Also lieber konzentriert und kurz als lang, langweilig und nicht effektiv. Bei Welpen und Junghunden wenige Minuten am Tag.

LERNEN MUSS LUSTBETONT SEIN ▶
Gelangweilte und verängstigte Schüler lernen schlecht. Das gleiche gilt für Ihren jungen Hund. Motivieren Sie ihn, bevor Sie mit dem Training beginnen. Vermitteln Sie ihm, daß gleich die tolle Arbeit beginnt. Spielen Sie immer mit ihm, wenn er eine Übung gut gemacht hat. Fehler ignorieren Sie. Sie fangen nochmals an und loben Ihren Zögling entsprechend kräftig, wenn er es richtig macht. Wenn Sie selbst schlechte Laune haben oder unter Zeitdruck stehen, lassen Sie das Training besser bleiben.

SITZ ▶ Das Hörzeichen »Sitz« ist ausgesprochen leicht zu lehren und zu lernen. Das Sitzen und Hochschauen zum Größeren ist die Bettelhaltung schlechthin, und die beherrscht Ihr kleiner Schlauberger sofort.

Das »Sitz« können Sie ihm auf zwei Arten beibringen. Entweder mit der Methode: das Wort zur Tat. Sie sagen Ihrem Welpen, wenn er sich zufällig setzt und vielleicht sogar noch zu Ihnen hochschaut, mit hoher, freundlicher Stimme: »Siiitz!« Gleichzeitig zeigen Sie ihm noch das passende Sichtzeichen, den hochgereckten Zeigefinger.

Hundetrainer raten oft zu anderen Methoden, bei denen Ihr Hund quasi mitdenken muß. Beim »Sitz« schlägt zum Beispiel Ute Narewski folgendes Vorgehen vor: Sie nehmen Ihren Welpen an die Übungsleine, machen ihn auf sich aufmerksam und sagen freundlich »Siiiitz«, wiederum begleitet vom Sichtzeichen. Da er an der Leine ist und keinen unterhaltsameren Beschäftigungen nachgehen kann, wird er sich bald hinsetzen. Tut er das, sind Sie begeistert und wiederholen zwischen dem Lob Ihr Sicht- und Hörzeichen. Nach anfänglicher Verblüffung lernt Ihr Welpe schnell, daß Hinsetzen genau das ist, was Sie wollen, wenn Sie »Sitz« sagen oder Ihren Zeigefinger hochrecken. Erst wenn Ihr Welpe Ihr Zeichen schnell und sicher befolgt, machen Sie die Übung ohne Leine.

Die fast schon gewalttätigen »Erziehungs«-Formen, bei denen der Welpe am Halsband hochgezogen und am Ende des Rückgrates hinuntergedrückt wird, brauchen Sie erst gar nicht anzuwenden. Einer der beiden empfohlenen Wege führt sicher zum Erfolg.

PLATZ ▶ Eine wesentlich unangenehmere Übung für den Hund ist das »Platz«. Es ist eine Unterordnungsgeste, die kein Hund und ganz besonders kein selbstbewußter Hovawart gern ausführt.

Aber das schreckt Sie als coolen Leithund ja nicht. Am einfachsten ist es, wenn Sie Ihren angeleinten Welpen vom Sitzen in das »Platz« locken. Sie nehmen einen Leckerbissen in die Hand und »ziehen« den interessiert schnuppernden Welpen damit in das »Platz«. Liegt er, wird der Tapfere gestreichelt, und Sie sagen ihm dabei lobend das Hörzeichen »Plaaatz!« . Das gleichbedeutende Sichtzeichen ist die waagrecht ausgestreckte Hand (mit der Handfläche nach unten), so als wollten Sie Ihrem Hund zeigen, daß er ganz flach liegen bleiben soll.

Auch hier klappt die sanfte Methode bestimmt, wenn Sie die Übung schon mit Ihrem Welpen machen. Manche Trainer raten zum Niederdrücken und zum Wegziehen oder gar zum Wegschlagen der Vorderläufe. Lassen Sie sich zu solch groben Verfahren nicht überreden.

LIEGENBLEIBEN ▶ Eigentlich sollte es ja so sein, daß Ihr Hovawart nach dem Hörzeichen »Platz« so lange liegenbleibt, bis Sie ihn freigeben. Man nennt das in Hundekreisen »Abliegen«.

Für Hovawarte mit ihrem Temperament und mit ihrer großen Anhänglichkeit an ihren Menschen ist das eine ausgesprochen schwierige Übung. Sie müssen sie vorsichtig und wohl dosiert aufbauen. Erst vom liegenden (immer angeleinten) Hund wegtreten und unmittelbar vor ihn hintreten. Bleibt er liegen – wenige Augenblicke reichen –, gehen Sie wieder zurück an seine Seite. Steht er unerlaubt auf, gilt wie stets beim Training: cool bleiben, zurück zum Anfang und auf ein neues.

Gehen wir aber mal davon aus, daß Ihr kleiner Hund prima liegenbleibt, wenn Sie vor ihn treten. Das Programm geht jetzt einfach so weiter, daß Sie die Distanz zu Ihrem Hund immer mehr

»Platz« mit Hilfestellung für den Fotografen, denn so ein großer Rüde beherrscht das Hörzeichen »Platz« natürlich perfekt und befolgt es auf Entfernung.

vergrößern. Wenn die Leine nicht mehr reicht, liegt Ihr Hund frei ab. Später – wenn er das Abliegen beherrscht – können Sie sogar außer Sichtweite gehen, Ihr Hovawart wartet, bis Sie ihn abholen.

HIER ▶ Daß Ihr Hund herkommt, wenn Sie ihn rufen, ist ausgesprochen nützlich, praktisch, macht einen guten Eindruck, schont Ihre Nerven und ist unter Umständen lebensrettend für Ihren Hund. Das Hörzeichen ist »Hiiier«. Das Sichtzeichen können Sie sich selbst überlegen. Die meisten Hundeführer klopfen sich mit der Hand seitlich an den Oberschenkel.

Das »Hier« muß immer freundlich gerufen werden. Wird es mit drohender Miene gerufen und verbinden Sie es noch mit Ankündigungen dessen, was Sie mit einem solchen Streuner machen, wenn er sich denn mal zu Ihnen bequemt, wird jeder halbwegs vernünftige Hund sich hüten, auch nur in Ihre Nähe zu kommen.

Und so bringen Sie es Ihrem Hund bei: Ein Freund hält Ihren Welpen, Sie rennen – aber wirklich rennen – zwanzig, dreißig Meter von Ihrem Welpen weg, drehen sich um und rufen

»Hiiiier« und geben Ihr Sichtzeichen. Der Helfer läßt Ihren Welpen los. Das war es schon. Ihr Welpe wird zu Ihnen rasen. Sie empfangen ihn mit großer Freude und einem Leckerchen, dann bringen Sie ihn freundlich zum Sitzen – die Grundübung zum späteren Vorsitzen in der prüfungsmäßigen Arbeit mit dem Hund. Noch verknüpft er sein Herankommen nicht mit Ihrem Hörzeichen und Ihrem Sichtzeichen, bald wird das aber so sein, und er kommt schnell und hoffentlich freudig.

> **Hilfsmittel, nicht Fessel**
>
> Die Leine soll für Ihren Hund keine Fessel sein und nichts, vor dem er Angst hat. Die Leine ist im Idealfall für Ihren Hund das Symbol für gemeinsames Arbeiten, sie ist Ihr verlängerter »Zeigefinger«.

Falls er zögert oder gar nicht kommt, rennen Sie in die entgegengesetzte Richtung, vielleicht verstecken Sie sich sogar.

Laufen Sie keinesfalls zu Ihrem Hund, wenn er nicht zu Ihnen kommt. Erstens verlieren Sie damit Ihr Gesicht als überlegener Chef. Zweitens wird Ihr Welpe »denken«: »Das wird jetzt ein super Jagdspiel! Der Alte jagt mich, und ich versuche zu entkommen!« Lassen Sie sich erst gar nicht auf solche Spielchen ein, denn die verlieren Sie garantiert. Wenn Ihr Welpe nicht hören will oder sich ins undurchsichtige Dickicht geschlagen hat, sollten Sie keinesfalls zehn- bis zwanzigmal »Hier« rufen. Ihr Welpe lernt sonst einiges, was Sie bestimmt nicht möchten. Er lernt erstens, daß er nicht gleich kommen muß, wenn Sie rufen – Sie wiederholen sich ja oft genug. Konsequenzen gibt es auch keine. Zweitens lernt er, daß Ihr Hier-Rufen so etwas ist wie eine Art Funksignal, das ihm immer sagt, wo genau Sie sind.

Besser ist also einmal rufen und dann hoffen. Ihr Hovawart weiß dann nämlich nicht, wo Sie sind – vor allem dann nicht, wenn Sie sich gemeinerweise auch noch gleich verstecken. Achten Sie aber vorsorglich darauf, daß Sie sich in ungefährlicher Gegend aufhalten. Ihr Hovawart könnte in Panik geraten, wenn er Sie nicht mehr hört oder sieht. Er wird zumindest unsicher und wird nachschauen kommen. Dabei sollte er nicht in ein Auto laufen können oder anderen Gefahren ausgesetzt sein. Und wenn er dann kommt, der Schlawiner, müssen Sie die Zähne zusammenbeißen und ihn trotzdem loben.

> **TIP**
>
> *Wenn Sie sofort, wenn Ihr Welpe zu Ihnen kommt, mit dem Training beginnen, können Sie ihn auf den jagdlichen Doppelpfiff mit der Hundepfeife prägen. Jäger machen das so, und Hovawarte lernen das genauso gut wie Vorstehhunde. Ziel des Trainings ist es, daß Ihr Hund auf den Doppelpfiff (tüt-tüt) hin alles liegen- und stehenläßt und zu Ihnen kommt.*

So prägen Sie ihn auf den Doppel-Pfiff: Jedesmal, wenn Sie den Welpen füttern, präzis jedesmal wenn er aus seinem Napf frißt, lassen Sie eine Woche lang den Doppelpfiff ertönen. Ihr Welpe lernt: tüt-tüt ist gleich Fressen. Nächster Schritt ist dann die Überprüfung, ob die

Verknüpfung stattgefunden hat. Diesmal machen Sie den Doppelpfiff, um ihn zum Futter zu rufen. Sie werden sehen, daß Ihr kleiner Hovawart wie ein Irrwisch zu seiner Futterschüssel eilt. Machen Sie das ein paar Wochen lang stumpfsinnig bei jeder Fütterung, und Sie werden über Ihren Erfolg staunen, wenn Sie den Doppelpfiff draußen zum Heranrufen einsetzen.

Ihr Welpe hört Fressen! Fressen!, wenn Sie tüt-tüt pfeifen. Für jeden gesunden Hovawart ist das eine der schönsten Ankündigungen der Welt. Und Sie dürfen ihn dann auch niemals enttäuschen. Er bekommt auf der Wanderung dann zwar nicht mehr seine volle Freßschüssel, aber ein Leckerchen allemal.

LEINENFÜHRIGKEIT, FUSS ▶ Anständig an der Leine gehen ist ein ganz wichtiges Schulfach für jeden Hund und vor allem für große, kräftige Hunde.

Grundsätzlich sollten Sie Ihren Welpen so wenig wie möglich an der Leine führen. Sobald Sie das gefahrlos tun können, geben Sie ihn frei. Er wird im eigenen Interesse bei Ihnen bleiben. Erst im Flegelalter beginnen die meisten damit, sich weiter zu entfernen. Fahren Sie also lieber ein Stück raus, als daß Sie Ihren Welpen lange an die Leine legen.

Gewöhnen Sie Ihren Hund von Anfang an daran, daß er stets links von Ihnen geht. Nehmen Sie die Schlaufe Ihrer Leine in die rechte Hand, so daß die Leine vor Ihrem Bauch zum links gehenden Hund führt. Die linke Hand brauchen Sie zum Korrigieren und zum Loben.

Damit Sie Ihre Wünsche schnell und deutlich klarmachen können, sollte die Leine zum Üben auch nicht allzu lang

Das ist eine schöne Leinenführigkeit: der Hund geht freudig und aufmerksam an der Seite seines Menschen. Die Leine hängt selbstverständlich locker durch.

sein. Eine Leine mit ungefähr einem Meter Länge ist ideal.

Die Auszugsleinen mit automatischem Abroll- und Aufrollmechanismus sollten Sie sich gar nicht erst zulegen. Für den Welpen ist sie ein Trainingsgerät für das Leinenzerren. Der Welpe lernt: »Wenn ich an der Leine ziehe, bekomme ich mehr Freiraum!« Sie arbeiten also mit dieser Technik gegen Ihr Ziel.

Diejenigen, die in der Schule gut in Physik waren, erinnern sich vielleicht an einen wichtigen Lehrsatz: »Druck erzeugt Gegendruck!« Machen Sie sich dies stets klar, wenn Sie Ihren Hund anleinen. Wenn er zieht und Sie dagegenhalten, wird Ihr Hund, obwohl er nie Physik hatte, sofort noch mehr ziehen. Bei kleinen Hunden und bei Hovawartwelpen ist das vielleicht noch lustig, bei größeren ...!

TIP
Richtig »An der Leine gehen« ist auch körperlich eine große Belastung, da die Laufrhythmen von Hund und Mensch nicht zusammenpassen. Also halten Sie die Zeiten kurz.

Die Leine sollte also niemals gespannt sein. Sobald Ihr Racker sich für einen Schlittenhund hält und anzieht, rucken Sie entschlossen und kräftig an der Leine, bis diese durchhängt. Dazu sagen Sie aber kein Wort. Die Korrektur erfolgt auch nicht zimperlich oder gar zentimeterweise, sondern schnell, entschlossen und konsequent. Wenn Ihr Möchtegern-Husky sich dann überraschenderweise neben Ihrem Knie befindet, sagen Sie scheinheilig, so als hätte er das freiwillig gemacht: »Fuß! So ist es brav!«

Sie können Ihrem Welpen helfen, indem Sie ihm verschiedene »Hilfestellungen« geben. Einmal können Sie an einem Zaun oder an einer Mauer entlang laufen, die sich links von Ihnen befindet, damit Ihr Welpe nicht nach links wegziehen kann. Zweitens können Sie ihn auch mit einem Spielzeug oder einem Futterbröckchen auf sich aufmerksam machen. Er bekommt es erst, wenn er seine Übung richtig macht. Sie können abrupt die Richtung wechseln – also nach rechts oder links abbiegen –, das verunsichert Ihren Hund, und er wird nach einigen solcher Überraschungsaktionen von Ihnen schon aufpassen, wo Sie hingehen und wie schnell Sie gehen.

Ziel dieser Arbeit mit dem Hörzeichen »Fuß« ist, daß Ihr Hund stets dicht an Ihrer Seite bleibt, gleichgültig, wie schnell oder wie langsam Sie gehen, und gleichgültig, ob Sie nach rechts oder links gehen, ob Sie kehrtmachen oder wie ein Drehwurm im Kreis gehen.

FREIFOLGE ▶ Die bei Hundeleuten sogenannte »Freifolge« bedeutet nichts anderes, als daß Ihr Hund all das ohne Leine macht, was ich im letzten Absatz beschrieben habe. Fangen Sie aber nicht zu bald an, mit dem abgeleinten Hund zu arbeiten. Wenn er frei ist, haben Sie größere Probleme, auf ihn einzuwirken, wenn er Ihr »Fuß« nicht befolgt.

Sie merken es, wenn Ihr Hund bereit für diese weiterführende Übung ist. Freifolge können Sie dann mit ihm anfangen, wenn er an der Leine willig, freudig und konzentriert jeder Ihrer Bewegungen folgt.

▶ Begleithundeprüfung

Die Begleithundeprüfung (BH) ist das, was Sie in der Presse vielleicht schon mal als eine Art Hundeführerschein bezeichnet finden. Ablegen kann man diese Prüfung, wenn der Hund ein Jahr alt ist, bei einem Hundesportverein, der Mitglied im VDH ist, oder zum Beispiel beim RZV für Hovawarthunde. Geprüft werden dabei all die Fertigkeiten, über die wir gerade gesprochen haben: Leinenführigkeit, Freifolge, »Sitz« und »Platz«, Heranrufen und Abliegen. Außerdem muß man in einem zweiten Teil beweisen, daß der Hund sich im

Straßenverkehr und unter Menschen anständig benimmt.

Wenn Sie diese Prüfung ablegen wollen, bereiten Sie sich mit Ihrem Hovawart am besten im Verein darauf vor. Schließlich ist die Prüfung von Hunden bei uns ganz genau geregelt. Es gibt ein detailliertes Schema, mit festgelegten Schrittzahlen und Wendungen, die der Leistungsrichter sehen möchte. Außerdem macht das Arbeiten zusammen mit anderen Hund-Mensch-Teams mehr Spaß, man bleibt eher am Ball, und ein bißchen Konkurrenz schadet auch hier nicht.

Ich empfehle Ihnen auf jeden Fall, mit Ihrem Hovawart eine solche Prüfung abzulegen. Sie wollen vielleicht irgendeine Art von organisiertem Hundesport betreiben? Überall ist die Begleithundeprüfung Voraussetzung.

▶ **Richtig spielen**

Sie denken jetzt vielleicht, daß es ein bißchen albern ist, in einem Erziehungskapitel über das Spielen zu schreiben. Ist es aber nicht, denn fast jede sogenannte Arbeit ist für Ihren Hund Spiel. Sie haben vielleicht schon mal einen Film über die Ausbildung von Spürhunden oder von Rettungshunden gesehen. Alles wird über Spiel gelernt, die Arbeitsfreude wird über das Spiel erhalten, und das Spiel ist eine der schönsten Belohnungen.

Wenn Ihr Hund gern spielt, haben Sie einen klugen Hund, wenn Sie richtig mit ihm spielen, haben Sie einen glücklichen Hund. Sie vertiefen Ihre gute Beziehung und haben es viel leichter, etwas von ihm zu verlangen, was er vielleicht nicht ganz so gern macht.

Alles Spielen hat bei Jungtieren der Wildhunde und Wölfe vor allem einen

Die sogenannte Freifolge: Die Hündin ist vollständig auf ihren Menschen konzentriert und bleibt eng an seiner linken Seite.

Sinn: Es soll alle die Fertigkeiten üben, die man für die Beutejagd und für die Selbstverteidigung braucht. Also machen Sie sich einfach klar, was man alles braucht als Wolf, um sich ein anständiges Abendessen zu organisieren und schon haben Sie alle möglichen phantastischen Spielideen. Das Spielzeug symbolisiert dabei die »Beute«. Es simuliert alles (bzw. Sie sorgen dafür), was Beutetiere tun: fliehen, sich wehren, sich totstellen, sich verstellen, sich verstecken.

Spielen Sie die richtigen Spiele, und Sie fördern die Veranlagungen Ihres

> ### Schußfestigkeit

Wieso soll ein Hund schußfest sein? Bei fast allen Prüfungen im Hundesport wird die sogenannte Schußfestigkeit getestet. Während der Hund mit Ihnen arbeitet oder abliegt, wird von einem Helfer ein Schuß abgegeben. Das hat nichts mit irgendwelchen militärischen oder jagdlichen Ritualen zu tun, sondern besitzt einen ganz praktischen Hintergrund. Der Schuß steht stellvertretend für den knallenden Auspuff, die klirrenden Flaschen, jedenfalls für all das, was in unserer modernen Umwelt laut und überraschend sein kann. Unsere Hunde sollen dann nicht in Panik wegrennen, sondern gelassen bleiben. Sie sollen Nervenfestigkeit zeigen.

Hundes. Er kann seine Triebe wenigstens in Ansätzen ausleben. Er kann alles »spielen«, was zur komplexen Handlung »Beutejagd« gehört: suchen, stellen, jagen, tragen, bringen, packen, treiben, totschütteln. Nur darf er das alles nicht mit lebendigen Tieren tun.

Aber denken Sie bitte immer daran, daß Sie als Leithund bestimmen, wann gespielt wird und wann abgepfiffen wird. Falls Sie einen ausgesprochen dominanten Hovawart haben oder einen pubertären Flegel, der meint, er sei der Größte, dann meiden Sie vielleicht die Zerrspiele besser, bei denen Sie ständig verlieren. Er könnte daraus vielleicht die falschen Schlüsse ziehen.

SCHMUSESTUNDEN ▶ Ein Hovawart ist oft ein Schmusebär. Er genießt Ihre Zuwendung und wird Ihnen je nach Temperament nachdrücklich klarmachen, wo er seine Lieblingsschmusestellen hat und was seine Lieblingsschmusetechniken sind.

Falls Sie aber noch unerfahren in der Hundehaltung sind, hier zwei Empfehlungen: Auch wenn es viele Leute tun – damit er Ihre Begeisterung spürt, müssen Sie Ihrem Hovawart nicht die Schulter oder die Kopfoberseite weichklopfen. Sie schlagen Ihren Hund ja sonst auch nicht. Ihr Hovawart wird das Geklopfe irgendwann mal als etwas ungewöhnliche Schmusetechnik seines Menschen erkennen – gefallen wird es ihm nie. Das gleiche gilt für das ständige Rumgefummel am Kopf der Hunde. Was sie von ihrem Leitmenschen gerade einmal tolerieren, hassen sie von Fremden und von Rangniederen. Das ist eine Dominanzgeste, die dem Boß gestattet wird. Schmusen tut man (als Hund) so nicht.

> ### TIP
> *Machen Sie keine Zerrspiele mit dem Welpen, und seien Sie im ersten Jahr damit äußerst vorsichtig. Zunächst wegen der Milchzähne und dann wegen der richtigen Zähne, bis diese fest verankert sind.*

Freizeitpartner Hovawart

Freizeitpartner Hovawart

88 ▸	Der Hund an Ihrer Seite	92 ▸	Fit for fun: Radfahren, joggen, reiten
88 ▸	Der Öko-Hovawart		
90 ▸	Hundetreffen	93 ▸	Hundesport
91 ▸	Gar lustig ist die Jägerei	100 ▸	Im Urlaub

▸ **Der Hund an Ihrer Seite**

Auffallen sollten Sie unterwegs nur, weil Ihr Hund so schön ist. Damit dies klappt, gewöhnen Sie Ihren kleinen Hund von Anfang an daran, Sie überall zu begleiten. Der Welpe und Junghund sieht das als selbstverständlich an und wird als erwachsener Hund ein angenehmer und unauffälliger Begleiter sein.

Genauso wichtig wie das Training, brav allein zu bleiben, ist also das Training, brav überall mitzugehen.

Ihr Hovawart wird Ihnen dankbar sein, wenn Sie ihn nicht mit in eine Techno-Disco nehmen. Sehr schade ist es aber, wenn er nicht auf Ihren Vereinsausflug, zum Abendessen in Ihre Stammkneipe oder zum Einkaufen ins Zoofachgeschäft mitdarf.

▸ **Der Öko-Hovawart**

Glaubt man der Presse, dann besteht das Hauptproblem moderner Hundehaltung darin, daß überall tonnenweise Hundehaufen vor sich hinstinken. Die deutschen Hundehaufen scheinen die gefährlichsten in Europa zu sein, denn nur bei uns widmet man dem Problem so viel Raum in den Medien.

Ich habe während des Studiums in Berlin gelebt (mit Hund!) und weiß, daß manche Klagen an manchen Orten schon berechtigt sind. Vieles ist aber auch reine Hysterie. Andererseits sollte man berechtigte Kritik schon annehmen. Ihren Hund sollten Sie von Grünfutter und frisch geschnittenem Heu fernhalten. Es ist keine Pingeligkeit von Bauern, wenn sie sagen, daß sie ein so verunreinigtes Futter nicht mehr verwenden können. Auf abgeernteten Feldern, auf winterlichen Wiesen, im Wald und auf der Heide »darf« Ihr Hund. Ansonsten räumen Sie sein Geschäft einfach weg. Sie ziehen sich einen stabilen Gefrierbeutel wie einen Handschuh über, packen das Produkt und ziehen den Beutel wie einen Kissenbezug darüber.

Viele Hundeneulinge möchten nicht, daß ihr Hund sich im eigenen Garten löst. Aber bedenken Sie dabei die Konsequenzen. Ihr Garten bleibt zwar »stubenrein«, aber Sie müssen zu jeder erdenklichen Zeit raus, wenn Ihr Hova-

Heißgeliebte »Stöckchen«! Aber Vorsicht, besonders beim temperamentvollen Hovawart ist die Verletzungsgefahr durch Äste und Zweige groß, die er sich in Rachen- und Halsraum rammen kann.

Traumstrand für zwei Hovawarte. Nicht überall dürfen sie an den Strand. Aber immer mehr Kurverwaltungen erkennen uns Hundehalter als wichtige Zielgruppe – es wird besser!

wart muß – und Hunde sind auch nur Menschen, da geht es nicht immer nach Zeitplan. Wenn Sie mal Kopfschmerzen haben oder es ganz scheußlich stürmt und schneit oder Ihr Hund sich eine Magen-Darm-Infektion zugezogen hat – ein Hundeklo im Garten ist absolut zu empfehlen.

Es ist keine Unterdrückung hundlicher Männlichkeit, wenn man seinem Rüden nicht gestattet, innerhalb der Bebauung das Bein zu heben. Ihr Hund akzeptiert das ganz selbstverständlich, wenn Sie es von ihm verlangen.

SPAZIERENGEHEN ALLEIN ZÄHLT NICHT ▶ Vielleicht möchten Sie vor allem einen Hund, damit Sie regelmäßig und umfassend an der frischen Luft sind. Dabei hilft Ihnen Ihr Hovawart gern.

Vielleicht stellen Sie sich vor, daß Ihr Hovawart und Sie gemeinsam herrliche Spaziergänge in der Natur machen: Ihr Hund tollt fröhlich durch die Landschaft, Sie schreiten einher, freuen sich an dem steten Werden und Vergehen, überlegen sich vielleicht, was Sie nachher einkaufen.

Falls Sie so ähnliche Vorstellungen haben sollten, vergessen Sie es gleich wieder. Spaziergang ist ohnehin ein Wort, das im Zusammenhang mit einem gut veranlagten Hovawart völlig unpassend ist. Wenn Sie nämlich denken, Sie geben Ihrem Freund die Freiheit zum Tollen und gehen praktisch nur nebenher, denkt Ihr Hovawart, daß er machen kann, was er will, und macht dann, was er will.

Spaziergang mit Ihrem (jungen) Hovawart ist Beziehungsarbeit. Das bedeutet, daß Sie auch und gerade draußen Ihrem Hund zeigen, daß Sie die Richtung angeben und daß es absolut spannend ist, Ihnen zu folgen. Spannender und lohnender als alles andere, was draußen passieren kann.

Also spielen Sie mit Ihrem Hund, zeigen Sie ihm all die vielen interessan-

Was furchtbar aussieht, ist das derbe, aber absolut friedliche Raufspiel zweier junger Hovawarte, angefeuert werden sie links von einem Welpen – Hundebegegnung, wie sie sein soll.

ten Dinge in Wald und Flur, sind Sie sein Animateur und sein Lehrer. Verstecken Sie das Spielzeug, das Sie natürlich immer dabeihaben, und lassen Sie ihn suchen. Verstecken Sie sich selbst, wenn Ihr Hund mal nicht auf Sie achtet. Machen Sie kleine Gehorsamsübungen. Gestalten Sie jeden Spaziergang zu einem Erlebnis.

So haben Sie sich das vielleicht nicht vorgestellt, aber nur so lernt Ihr Hund, daß der Spaziergang nicht dazu dient, daß er streunen oder gar wildern geht. Und dadurch lernt Ihr Hund ein weiteres Mal, daß Sie sein absoluter Superhund sind.

Auch wenn es vielleicht praktisch ist: gehen Sie nicht ständig im gleichen Revier spazieren. Erstens macht das Ihren Hund doof, denn er kennt dann bald wirklich jeden Grashalm, und zweitens macht das Ihren Hund dominant. Vor allem Ihr Hovawart wird dann sehr schnell Ihr Spaziergangsrevier so behandeln wie Ihren Garten: als sein Revier, in dem er der Boß ist. Könnte sein, daß Sie Probleme damit bekommen, wenn er anderen Hunden diesen Eindruck auch vermitteln möchte.

▶ **Hundetreffen**
Überall rotten sich Hundefreunde zusammen und treffen sich zu bestimmten Tageszeiten in bestimmten Revieren, gemeinsam geht es dann durchs Gelände. Das ist wirklich ausgezeichnet. Ihr Einzelhund findet dort hundliche Gesellschaft, und im gemeinsamen Spiel kann er sich wunderbar ausarbeiten. Außerdem sind solche unorganisierten Treffs meist auch prima Informationsbörsen in Sachen Hund.

Wenn Sie so einen Treff entdecken, nutzen Sie ihn, es macht sicher Ihnen und Ihrem Hund Spaß. Zwei Dinge sollten Sie aber beachten:

Erstens sollten Sie nicht nur dort und nicht immer gemeinsam mit anderen spazierengehen. Die Spaziergänge, die Sie allein mit Ihrem Hund machen, sind sehr wichtig für seine Umweltsicherheit und für Ihre Beziehung zueinander.

Zweitens sollten Sie ein gesundes Selbstbewußtsein gegenüber den »Hundefachleuten« entwickeln, die es auf solchen Treffs immer gibt. Solche selbsternannten Experten vertreten gern die Auffassung, daß Hunde alles selbst am besten untereinander klären, man solle sie einfach machen lassen und sich nicht einmischen. Die dominanten – meist sind das dann die eigenen Hunde – würden die anderen halt unterordnen, und dann wäre alles erledigt. Hüten Sie sich vor solchem Halbwissen, das sich mit Begriffen aus der Verhaltensforschung schmückt. Spaziergangsgruppen sind keine »Rudel«, sondern dort treffen sich verschiedene Rudel, nämlich die jeweiligen Menschen mit ihren Hunden. Ob und wie jemand »untergeordnet« wird, entscheidet der Rudelchef, und das sind Sie, nicht Ihr Hund. Dulden Sie also nicht, daß ein sogenannter »dominanter« Hund Ihren Hovawart einfach nur so niedermacht. Das ist Ungezogenheit und zeigt, daß der Hund nicht in der Hand seines Menschen steht.

Falls Ihr junger Hund sich allerdings ungehörig benommen hat, verdient er einen Rüffel des älteren. Hunde haben ein fein abgestimmtes Verhalten. Vom Ordnungsruf des älteren bis zum Saalverweis hat der Übeltäter jede Chance, sich wieder anständig zu benehmen.

▶ Gar lustig ist die Jägerei

Sie finden in manchen Rassebeschreibungen die Behauptung, daß der Hovawart als Hofhundstämmling nicht jagt. Die fehlende Jagdleidenschaft gehört sicherlich zu den erstrebenswerten Zielen

> **Jagdverbot**
>
> Für alle Hovawarte sollte gelten, daß es Jagdverbot gibt, auch und vor allem für diejenigen, die ihrer Nase folgen und ähnlich wie Jagdhunde auf die Suche nach Beute gehen. Für fast alle Hovawarte gilt im Wald also: nahe beim Boß bleiben, sonst gibt es Ärger. Es empfiehlt sich, seinem Hovawart beizubringen, daß er im Wald nur ein, zwei Meter vom Weg ab darf und insgesamt nahe bei uns bleibt.

in der Zucht, aber erstens prüft dies niemand nach, und zweitens kann man sich keinen triebstarken Hund wünschen und gleichzeitig fordern, daß er keine Jagdpassion hat.

Neben Häschen und Rehen gibt es aber im Revier draußen auch anderes jagdbares Wild: Reiter, Radfahrer, Jogger, Walker, Inlineskater, Mopedfahrer, Traktoren und alles, was sich schnell bewegt. Ihr Hovawart findet es sicher ausgesprochen lustig und anregend, sich in der Schnelligkeit mit dieser Beute zu messen. Es soll Hovawarte geben, die sich nicht für solche Beute interessieren, vielleicht erwischen Sie ein solches Exemplar. Ansonsten müssen Sie sich darauf einstellen, daß auch dieses Lehrfach ansteht: »Nein, mein Freund, alles keine Beute!«

Es gibt sicher Menschen, die Ihr Hovawart von sich aus nie belästigen würde, die aber genau das befürchten. Im Sinne eines fairen und friedlichen Miteinanders draußen empfehle ich, daß Sie lieber einmal zu oft Ihren Hund zu sich rufen, wenn Ihnen Menschen entgegenkommen.

ARBEITSLOSIGKEIT SOLLTE ES NICHT GEBEN ▶ Vielleicht haben Sie ja die sympathische Auffassung, daß es Ihr Hund besser haben soll als Sie selbst. Aber auch für ihn gilt: Müßiggang ist aller Laster Anfang! Bekommt er keinen Job von Ihnen, wird er sich selbst einen suchen.

Wenn Sie ihm also keine Aufgabe stellen, macht er sich halt notgedrungen selbst eine Art Dienstplan. Der könnte vielleicht so aussehen: Vor dem Aufstehen ein bißchen Tapeten knabbern, nach dem Frühstück die Schultasche von Kerstin leeren. Am Vormittag alles, was sich am Grundstück vorbeitraut, bellend und knurrend verjagen. Briefträger am Eindringen hindern. In den freien Minuten die verbleibenden Pflanzen in Frauchens Garten ausgraben oder sich in lautem Gesang üben. Beim Auslauf sofort auf hundert Meter Distanz zu den Menschen gehen, jagen, Omas erschrecken, Kinder umrennen, Nachbars Pudel apportieren und eben all die lustigen Dinge tun, die arbeitslose Hovawarte zum Zeitvertreib erfinden können.

Ein Hovawart, der eine Aufgabe hat, lernt immer neue Anforderungen zu bewältigen, ist ein angenehmer Begleiter, mit sich und der Welt in Einklang. Ein Hovawart, der nur neben Ihnen her leben darf, wird entweder doof oder unerträglich.

Sie haben sich einen Gebrauchshund ausgesucht. Das heißt, Sie haben einen Hund, der hochintelligent ist, schnell lernt, der vielfältige Veranlagungen in die Welpenkiste gelegt bekam und sein Erbe fruchtbar einsetzen will.

▶ **Fit for fun: Radfahren, joggen, reiten**

Ihr Hovawart will Sie gern begleiten, natürlich auch, wenn Sie sich schneller als normal fortbewegen: nur ob Ihr Hund Sie begleitet, sollte davon abhängen, ob ihm das guttut.

Zuerst einmal sollte Ihr junger Hovawart ohnehin keiner Dauerbelastung ausgesetzt werden. Radfahren, joggen und reiten können Sie in seiner Begleitung frühestens wenn sein Gebäude ausgebildet ist, also so um die Zeit herum, in der Sie seine Hüften röntgen lassen müssen.

▶ **TIP**
Ihr Hovawart ist zwar ein ausgesprochen bewegungsfreudiger und ausdauernder Hund, aber einen Tagesausflug mit dem Rad, den Sie vielleicht noch locker schaffen, sollten Sie Ihrem Hovawart nicht zumuten. Falls Sie jeden Tag 30 km radeln wollen oder gern Langstreckenritte machen, kaufen Sie sich lieber einen Hund einer Rasse, die sich besser als Reitbegleithund eignet.

Überlegen Sie auch, daß das Mitgehen am Rad oder das Begleiten beim Joggen für Ihren Hund nur mäßig interessant ist. Es ist zwar gesund für seine Muskeln und seine Lunge, aber wenig anregend. Ihrem Hund zuliebe sollten Sie einen Kompromiß finden zwischen Ihrer Freude an der langen Strecke und seinem Bedürfnis, die Umwelt ständig neu zu entdecken.

Am Pferd ist die Fortbewegung sicher für den Hund interessanter, weil das Tempo sich oft ändert. Am Pferd sind aber auch die Anforderungen an seinen Gehorsam deutlich höher, weil Sie hier nicht so schnell auf ihn einwirken können.

Wenn Sie Wert darauf legen, daß er Sie später im Gelände begleiten darf, dann gewöhnen Sie den Welpen früh an Pferd oder Rad, indem Sie ihm einfach den ungezwungenen Kontakt ermöglichen, ohne ihn schon an die andere Art der Fortbewegung heranzuführen. Ihr Hund soll einfach Fahrrad oder Pferd als normalen Teil seiner Lebenswelt akzeptieren lernen.

▶ **Hundesport**

Wenn Ihr Hovawart über den Grundgehorsam, wie er etwa in der Begleithundeprüfung verlangt wird, verfügt, können Sie mit ihm an unterschiedlichen Wettbewerben und Hundesportarten teilnehmen.

Überlegen Sie einmal, ob Sie der Typ Mensch sind, der ohne festgelegten Übungstreff regelmäßig übt. Überlegen Sie, ob Sie von sich aus Ihrem Hund immer neue Forderungen stellen. Nein? Dann suchen Sie sich in Ihrer Umgebung einen Hundesportverein.

TURNIERHUNDESPORT ▶ auch Breitensport genannt, soll Mensch und Hund zu lustbetonter körperlicher Betätigung zusammenführen. Sie alle haben wahrscheinlich schon die Hindernisstrecken auf Hundeplätzen gesehen, die dabei überwunden werden müssen. Dieser Hindernislauf über Hürden, Tonnen, durch Reifen, über Laufstege und Treppen und durch Röhren ist ein Teil der Anforderungen, die bei einem Turnier gestellt werden. Neben dem Hindernislauf, bei dem nur der Hund die Hindernisse bewältigen

Hovawarte springen leicht, gern und elegant – diese schöne Hündin demonstriert es in Vollendung.

muß, gibt es den Sprung über drei Hürden, den beide absolvieren müssen, den Slalomlauf und je nach Anlage des Turniers auch noch einen Geländelauf über 2.000 oder 5.000 Meter. Auch der Nachweis einer guten Unterordnung, wie in der Begleithundeprüfung, wird manchmal verlangt. Gestartet wird in (menschlichen) Altersklassen und in (hundlichen) Größenklassen.

Man sieht, die beiden sind ein eingespieltes Team. Beide haben ihr Ziel fest im Blick: Herrchen den Pokal, die blonde Hündin vielleicht das Würstchen als Belohnung.

Der Vorteil dieser sportlichen Betätigung liegt auf der Hand: beide halten sich fit. Der Hund lernt körperliche und geistige Anforderungen zu bestehen und sich auf seinen Menschen zu verlassen, der ihn sicher in die Bewältigung der Aufgaben führt. Die Zusammenarbeit stärkt die Zusammengehörigkeit und den Gehorsam des Hundes. Eine Betätigung, die Ihrem Hovawart ganz sicher großes Vergnügen machen wird. Falls Ihr Hund mit HD behaftet ist, sollten Sie ihm Betätigungen, bei denen viel gesprungen wird, nicht anbieten.

AGILITY ▶ ist eine Hundesportart, die aus England kommt. Die Hindernisse sind ähnlich wie im Breitensport: fester Tunnel, Stofftunnel, Laufsteg (deutlich höher als im Breitensport), Slalom, Tisch, Wippe, Schrägwand, Hürden, ein »Viadukt«, Reifen. Anders als beim Breitensport wird der Parcours vom Hund ohne Halsband und Leine nur durch Befolgen der Zurufe seines Menschen bewältigt. Nur die Zeit des Hundes wird gestoppt. Auch hier gibt es Größenklassen und Qualifikationsklassen.

Dieser Sport mit dem Hund wird immer beliebter, und auf vielen Hundeausstellungen oder anderen Veranstaltungen ist er ein Publikumsmagnet, ebenso wie die dort üblichen Vorführungen der Rettungshunde. Seine Vorteile sind denen des Breitensports gleich.

Allerdings erfordern die Hindernisse des Agility viel Sprungkraft, Wendigkeit, Schnelligkeit und die Fähigkeit zum Klettern. Nur absolut gesunde und fitte Hunde werden zugelassen. Die Obergrenze sind 70 cm Schulterhöhe. Ob ein Hovawart ein guter Agilityhund wird, hängt von dem Typ Hovawart ab, den Sie haben. Sollte Ihr Hund eher dem großen, derben, schweren Typus angehören, tun Sie ihm und sich nichts Gutes, wenn Sie ihn zum Agility bewegen. Aber auch der elegantere, leichtere Hovawart hat sicher wenig Chancen gegen die blitzschnellen und wendigen Borders oder die flinken belgischen Schäferhunde.

MOBILITY ▶ Weil nicht alle Hunde und nicht alle Hundehalter fit für Agility sind, haben Hundefreunde in der Schweiz Anfang der neunziger Jahre das Mobility erfunden. Dabei geht es nicht um Schnelligkeit und auch nicht um ehrgeizigen Leistungsvergleich, sondern vorwiegend darum, die Beziehung zum Hund durch gemeinsames Bewältigen von Aufgaben zu festigen.

Der Hund kann frei oder angeleint sein, er darf ermuntert werden und muß von 15 Aufgaben 12 erfüllen. Es ist ein durchaus anspruchsvoller Parcours, der da bewältigt werden muß: zum Beispiel muß der Hund auf einer Schaukel verweilen oder auf einem Wagen liegenbleiben, auch wenn dieser sich bewegt. Nicht die Schnelligkeit zählt hier.

FÄHRTENHUND ▶ Die Fährtenarbeit ist Teil der Schutzhundeausbildung. Sie ist aber auch eine eigenständige Disziplin. Die Fährtenhundprüfung ist deutlich anspruchsvoller als der Fährtenteil bei der Schutzhundeprüfung.

Ihr Hund folgt dabei einer Fährte, die eine Person vor mehreren Stunden gelegt hat und die mindestens 1.500 Schritte lang ist. Diese Fährte wird von anderen Fährten gekreuzt (sogenannte Verleitungen, von denen sich Ihr Hund aber nicht verleiten lassen darf). Auf dieser Fährte liegen verschiedene Gegenstände, die dem Fährtenleger gehören. Die Aufgabe des Hundes ist es, der Fährte zu folgen, ohne sich irritieren zu lassen, und die Gegenstände des Fährtenlegers und nur diese anzuzeigen, die er auf der Fährte findet.

Dies ist eine ganz wunderbare Beschäftigung für Ihren Hovawart, und fast alle Hovawarte sind gute bis sehr gute Fährtenhunde. Ihre Nasenveranlagung – sagen die Experten – ist ausgezeichnet. Der Vorteil dieser Betätigung mit dem Hund ist, daß sie ihm Spaß

> **Spaß an der Arbeit**
>
> Wenn Sie sich für eine der vielen Möglichkeiten der organisierten Arbeit mit dem Hund entscheiden, dann überlegen Sie immer auch, ob Sie selbst Spaß an so einer Arbeit haben. Wenn Sie der Ablauf des Schutzdienstes stört oder abstößt, dann machen Sie diesen Sport nicht mit Ihrem Hund. Wenn Sie die Fährtenarbeit langweilt oder Sie bei den Kraxelübungen der Rettungshunde um Ihre eigenen Knochen fürchten, dann lassen Sie diese Sparten einfach.

Ausbildung zum Fährtenhund. Wenn Sie es ermöglichen können, sollten Sie Ihrem Hovawart diese wundervolle Betätigung bieten – er wird sie lieben.

Schutzhund – eine Ausbildung, die man nur mit ausgezeichneten Helfern und mit großem Verantwortungsbewußtsein durchführen sollte.

macht, einen wichtigen Trieb befriedigt und daß Ihr Hovawart sich dabei richtig ausarbeiten kann, weil er alle seine Sinne für diesen Job braucht. Der Nachteil ist, daß dies eine Arbeit ist, bei der Sie beim Üben meist allein sind, und die relativ zeitaufwendig ist.

SCHUTZHUND ▶ Der Hovawart gehört zu den sogenannten deutschen Gebrauchshunderassen. Führigkeit und Intelligenz einerseits, Belastbarkeit, Mut und Verteidigungsbereitschaft andererseits sollen diese Rassen auszeichnen. In der Ausbildung zum sogenannten Schutzhund sollen diese Fähigkeiten unter Beweis gestellt werden.

Die Hovawartfreunde streiten sich schon immer, ob man dem Hovawart einen guten Dienst getan hat, als man ihn in den Club der Gebrauchshunde aufgenommen hat. Das sind aber Fragen, die Sie als frischgebackenen Hovawartbesitzer noch nicht zu kümmern brauchen.

Sie sollten sich vielmehr persönlich entscheiden, ob diese Arbeit mit dem Hund Ihrem Geschmack entspricht.

In drei Disziplinen und in drei Niveaus (Schutzhund I, II und III) muß der Hund hier Leistung zeigen: 1. bei der Fährtenarbeit, wie wir sie gerade beschrieben haben, 2. bei der sogenannten Unterordnung, die die gleichen Übungen wie beim Begleithund enthält, plus Erweiterungen je nach Niveau. Dazu gehören: Apportieren und Bringen über die Hürde bzw. die Schrägwand, Voraussenden und Platzlegen sowie Stehen. 3. Der Schutzdienst, in dem der Hund einen Helfer, der den Bösewicht markiert, aufspüren, stellen und verbellen und an der Flucht hindern soll.

Vorab ist zu sagen, daß der seriöse moderne Schutzhundesport nichts mehr mit dem alten »Training auf den Mann« zu tun hat, bei dem der Hund in der sogenannten Mannarbeit lernte, einen Menschen anzugreifen und kampfunfähig zu machen. Allerdings ist der formale Ablauf noch fast wie früher, und für einen Zuschauer am Zaun ist der Unterschied zur alten »Mannarbeit« auch nicht erkennbar.

Der Unterschied besteht vor allem darin, daß der moderne Schutzhund nicht den Helfer angreift, sondern mit dem Helfer um die Beute streitet.

Die Befürworter dieser Arbeit mit dem Hovawart sehen im sportlichen Schutzdienst zwei nicht zu unterschätzende Vorteile: einmal kann der Hund hier Triebe und Instinktverhalten ausleben wie sonst kaum mehr, und zum anderen lernt der Hund, selbst in höchster Triebhaftigkeit, also während des »Beutemachens«, auf das Hörzeichen seines Menschen zu reagieren.

Die Kritiker sehen im Schutzdienst zwei Gefahren. Einmal wird ein Hund, der regelmäßig die Erfahrung macht, daß er beim »Raufen« gewinnt, ein großes Selbstbewußtsein entwickeln, an diesem haben nun aber die Hovawarte ohnehin keinen Mangel. Die Kritiker unterstellen, daß Hovawarte, die als Schutzhunde geführt werden, ein ausgemacht dominantes Sozialverhalten zeigen und nur noch bedingt freien Kontakt zu anderen (gleichgeschlechtlichen) Hunden haben können. Ein anderer Kritikpunkt am Schutzdienst betrifft eher eine Stil- und Geschmacksfrage: das Rollenspiel des Schutzdienstes ist ein Räuber- und Gendarmspiel, das nicht jedermann Spaß macht und das auch nicht jedermann lustig findet.

Wenn Sie sich jedoch für diese Sportart entscheiden, sollten Sie verantwortungsbewußt dafür sorgen, daß die Gehorsamsausbildung so gut ist, daß Sie Ihren Hovawart tatsächlich immer im Griff haben. Wenn Sie dies nicht garantieren können und nicht wirklich intensiv daran arbeiten, dürfen Sie eine solche Ausbildung nicht betreiben.

> **Schutzdienst**
>
> Eines sollten Sie aber auf jeden Fall wissen: der sportliche Schutzhund lernt nicht »schützen«. Stellen Sie sich nur mal vor, Ihr Hund würde einen Verbrecher nur am Ärmel festhalten. Der Gangster hätte jede Möglichkeit, den Hund schwer zu verletzen und kampfunfähig zu machen. Wenn Ihr Hovawart Sie beschützt – und das wird jeder im Ernstfall hoffentlich tun –, dann wirft er Ihren Angreifer um und stellt sich drohend über ihn, genauso wie er es mit einem aggressiven Artgenossen machen würde. Also, wenn Sie einen Hund wollen, der Sie beschützt, kann das Ihr Hovawart schon, das muß er nicht üben.

OBEDIENCE ▶ Obedience ist eine Hundesportart, die aus den USA kommt und bei uns noch kaum angeboten wird. Wörtlich übersetzt heißt es Gehorsam, und Gehorsamsübungen sind es, aber in Perfektion. Anders als bei unseren sogenannten Unterordnungsteilen in den Hundesportprüfungen gibt es hier kein festgelegtes Schema. Was, wann und wie gemacht wird, entscheidet der Richter immer wieder neu.

Verlangt werden ähnliche Leistungen wie im Unterordnungsteil der Schutzhundeprüfung. Hinzu kommt

Ein Rettungshund überwindet sich im Vertrauen auf seinen Menschen oft selbst. Eine anspruchsvolle Ausbildung, für die der Hovawart ausgezeichnete Voraussetzungen mitbringt.

das Identifizieren eines Gegenstandes, der den Geruch des Hundeführers trägt, sowie das Bringen dieses Gegenstandes. Auch die Kontrolle auf Distanz, also das Befolgen der Hörzeichen »Sitz« und »Platz« auf Distanz und der Wechsel von einer Position in die andere wird verlangt.

Obedience ist eine Art Hundesport, die den Vorteil hat, daß der Hund wirklich lernt, auf seinen Menschen zu achten. Allerdings bieten die Übungen an sich wenig Spaß für den Hund. Die Arbeitsfreude muß dann mittelbar erzeugt werden über Belohnung durch tolles Spielen. Obedience ist eine Wettkampfart, bei der alle Hunde und Menschen mitmachen können.

RETTUNGSHUND ▶ Wenn Sie schon einmal auf einer internationalen Rassehundeausstellung waren, haben Sie bestimmt die beeindruckenden Leistungen der Rettungshunde gesehen. Über unwegsame Trümmerfelder und auf Leitern hinauf, über hohe, wackelige Hängebrücken gehen sie ihrer Aufgabe nach.

Die Ausbildung ist ausgesprochen anspruchsvoll. Sie hat den Vorteil, daß der Hund gefordert wird, Spieltrieb und Nasenveranlagung ausleben darf und zusammen mit seinem Menschen an den Aufgaben wächst, die er gestellt bekommt. Die Hund-Mensch-Beziehung wird dadurch sehr vertieft, denn nur ein Hund, der hohes Vertrauen in seinen Menschen setzt, begibt sich auf so unwegsames Terrain, wie das von den Rettungshunden verlangt wird.

Die Rettungshunde legen ihre Leistungsnachweise in Prüfungen ab. Diese müssen regelmäßig wiederholt werden, sonst darf man den »Titel« nicht mehr führen und wird wieder hundesteuerpflichtig. Als Halter eines ausgebildeten Rettungshundes muß man diese nämlich nicht bezahlen.

HUNDESPORT 99

Hunde, die kranke, alte oder behinderte Menschen besuchen und durch ihr Hundedasein helfen. Der Menschenfreund Hovawart macht das gerne.

Auch hier gilt wie immer. Diese Arbeit ist tabu für alle Hovawarte, die einen schlechten HD-Befund haben.

THERAPIEHUND ▶ Aus Amerika und der Schweiz kommt eine neue Betätigung für den Hund, bei dem nicht so sehr der Hund und seine Bedürfnisse im Mittelpunkt steht, sondern der Mensch, der mit Hilfe des Kontakts zum Hund ein Stück Lebensqualität (wieder-)gewinnen soll.

In verschiedenen Vereinen werden Hund-Mensch-Teams sorgfältig darauf vorbereitet, Besuche zu machen: im Altenheim, in psychiatrischen Kliniken, in Kinderkliniken und in Krankenhausstationen mit chronisch kranken Langzeitpatienten. Hunde kommen dort auf Besuch und tun eigentlich nichts anderes, als dazusein, sich streicheln zu lassen, einen Ball zu holen oder ein Leckerchen entgegenzunehmen.

Nichts Besonderes, denken Sie – es ist eine Menge, was dem Hund da eventuell abverlangt wird. Denken Sie an die ungewollte Ungeschicklichkeit bei Betagten, wenn sie härter zufassen als gewollt, an Geschrei und ungewohnte Bewegungen, denken Sie überhaupt an all das Ungewohnte, dem Hunde da ausgesetzt sind. Ein starkes Nervenkostüm

> **TIP**
> *Die Rettungshundeausbildung ist aber nicht »just for fun« wie die anderen Ausbildungen. Wenn Ihr Hund ein richtiger Rettungshund ist, wird erwartet, daß er Dienst tut, wenn er gebraucht wird. Überlegen Sie deshalb vorher, ob Sie sich so weit engagieren wollen. Denn es ist unfair gegenüber den Trägern und den ehrenamtlichen Trainern, nur das »Sportliche« mitzunehmen und im Ernstfall dann abzuwinken.*

und ein absolut sicheres Wesen sind Voraussetzung für diese Aufgabe. Und es ist eine Menge, was der Hund dabei leisten und bewirken kann.

Es ist eine schöne Aufgabe für Sie und Ihren Hovawart, aber auch hier gilt wie bei den Rettungshunden: Wenn Sie eine solche Aufgabe machen wollen, dann übernehmen Sie Verantwortung, auch und gerade für hilfsbedürftige Menschen. Es ist aber ebenso wichtig, daß Sie stets bedenken, daß das Wohl Ihres Hundes für Sie im Mittelpunkt bleibt und Streß vermieden wird. Ihr Hovawart kann helfen und Herzen öffnen, aber bloßes Mittel zum therapeutischen Zweck sollte er nie werden.

> **Urlaubsgepäck**
>
> Manche Hovawartbesitzer klagen, daß ihr Hund einen größeren Koffer braucht als seine Menschen – Kunststück: seine Schmusedecke muß mit, eventuell sein Plüschtier, sein Futter, Hundekuchen, sein Spielzeug, seine Reiseapotheke, Handtücher, Lappen, Kamm und Bürste, Halsbänder, Leinen und last but not least Kauknochen und sein Tafelgeschirr und natürlich Ihre Entsorgungssets für den Fall der Fälle.

▶ **Im Urlaub**

Ich kann verstehen, daß ein Krankenhausaufenthalt oder eine beruflich veranlaßte Fortbildung Sie zwingen, Ihren Hund einmal in andere Hände zu geben. Für ihn werden das dramatische Tage, denn er hält Sie für tot und trauert entsprechend der Beziehung, die er zu Ihnen hat. Es ist ein bißchen so, als würden Sie ihn aussetzen. Wenn Sie sich einen Hund anschaffen und eine so große Familie haben, daß immer »Rudelmitglieder« bei Ihrem Hund sind, können Sie ruhig mal eine Woche nach New York oder Hongkong. Wenn nicht, sollten Sie entweder nach Kempten, oder Sie sollten sich besser keinen Hund und schon gar keinen Hovawart anschaffen.

Ihr Hovawart begleitet Sie nämlich gern, Hauptsache, er darf mit. Solange er keine altersbedingten Einschränkungen hat, kann er überallhin mit, wohin er Ihnen auf seinen vier Pfoten folgen kann. Es versteht sich von selbst, daß extreme Bergtouren oder mehrtägige Kreuzfahrten dabei ausscheiden.

Übrig bleiben jede Menge attraktiver Reiseziele. Die Unterbringung ist kein Problem, Sie müssen nur vorab klären, ob Ihr Hotel, Ihre Ferienwohnung oder Ihr Campingplatz Hunde aufnehmen und zu welchen Bedingungen. Manchmal dürfen nämlich nur kleine Hunde mit und als solcher geht der Hovawart nicht durch.

Ihr Tierarzt berät Sie hinsichtlich der Einreisevorschriften im europäischen Ausland. Darüber sollten Sie sich rechtzeitig kundig machen, denn bei manchen Ländern müssen schon Wochen vorher Formalitäten eingeleitet werden. Ihr Tierarzt stellt Ihnen auch eine Reiseapotheke zusammen, die auf Ihren Hund zugeschnitten ist. Er informiert Sie über die speziellen gesundheitlichen Gefahren, denen Ihr Hund in bestimmten Reiseländern ausgesetzt ist, und darüber, welche Vorsorge Sie dagegen treffen können.

Hovawarte züchten

Hovawarte züchten

102	Vorbildliche Hovawartzucht	108	Die Zuchtvoraussetzungen
105	Nachzuchtbeurteilungen	111	Die Zuchtwarte
105	Der Rassestandard	111	Persönliche Voraussetzungen
106	Ausstellungen		

Eine schöne Hündin, ein prachtvoller Rüde, und schon kann man züchten? Die Rassezuchtvereine im VDH verstehen unter Zucht die kontrollierte Verpaarung von Tieren mit dem Ziel, gesunde, wesensfeste und schöne Hunde zu haben.

Alle Hovawartvereine im VDH haben eine Zuchtordnung, der sich alle Züchter und Deckrüdenbesitzer unterwerfen müssen. Bevor ein Rüde Deckrüde wird und eine Hündin belegt werden darf und bevor Sie selbst sich Züchter nennen dürfen, gilt es auf seiten von Mensch und Hund viele Voraussetzungen zu schaffen – dazu später Genaueres.

Wenn alle diese Voraussetzungen gegeben sind, wird der Wurf vom Zuchtwart begleitet, begutachtet und bewertet. Festgestellte Fehler haben Konsequenzen für die weitere Zuchtverwendung der Eltern. Darüber hinaus hat jeder Zuchtverein eine Vielzahl von Instrumenten, mit denen er sich einen Überblick über die Qualität der Zuchttiere verschafft, vom Wurfabnahmeprotokoll bis hin zur Zuchtwertschätzung. Ich stelle Ihnen im folgenden die Ziele und Verfahren des Rassezuchtvereins für Hovawarthunde (RZV) vor, weil diese als beispielhaft für die moderne Rassehundzucht gelten. Auch die anderen beiden Hovawartzuchtvereine im VDH (HC und HZD) arbeiten, mit bestimmten Abstrichen, in ähnlicher Richtung.

Der Verein, seine Zuchtordnung, seine Instrumente zur Zuchtplanung und Zuchtkontrolle bieten ein Netzwerk an Erfahrung und Kompetenz, das dem Züchter, aber vor allem auch dem Hovawartkäufer nutzt.

Vorbildliche Hovawartzucht

Eine der wichtigsten Strategien, die der RZV verfolgt und für die er unter anderen Vereinen und in der Wissenschaft hohes Ansehen genießt, sind die Bemühungen zur Bekämpfung von Erbfehlern. Dazu gehören züchterische Maßnahmen, um die Merkmale der Gesundheit und des Wohlbefindens zu fördern. Eigentlich eine Selbstverständlichkeit, aber leider nicht gang und gäbe.

Der RZV war der erste und in dieser Form einzige Rassezuchtverein, der schon 1965 seine Ziele zur Hüftgelenksdysplasie(HD)-Bekämpfung formulierte und umsetzte: zunächst durften Hunde noch bis HD-L (leicht) in die Zucht, mit einem Partner, der eine bessere Diagnose aufwies. 1971 wurden nur noch Hunde mit HD-V und einem entsprechend »besseren« Partner zugelassen. 1981 wurden Rüden aus der Zucht genommen, die zwar selbst HD-frei waren, aber in drei Würfen mehr HD ver-

VORBILDLICHE HOVAWARTZUCHT 103

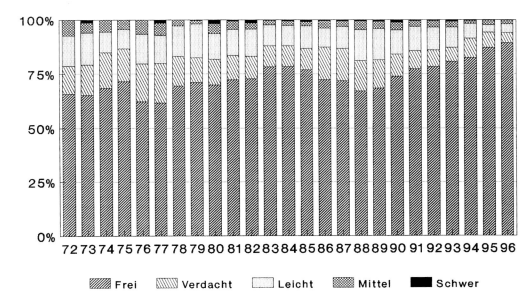

Die HD-Entwicklung im RZV

erbten als der Jahresdurchschnitt der Rasse aufwies. Ab 1984 wird der Deckrüdeneinsatz auf fünfmal beschränkt. Ab 1986 darf nur noch mit HD-freien Tieren gezüchtet werden. Ab 1990 gibt es eine verbindliche Zuchtwertschätzung.

Diese Zuchtwertschätzung wurde eingeführt, als man merkte, daß der erwartete weitere Fortschritt in der HD-Bekämpfung ausblieb, obwohl nur noch HD-freie Tiere zum Einsatz kamen. Die Zuchtwertschätzung zielt darauf, möglichst viele Eigenschaften des Tieres zu erfassen und zu bewerten. HD-Ergebnis, Ellbogendysplasie, (verkürzter) Unterkiefer, Widerristhöhe und andere Merkmale sind Teile, die dann zusammen den Zuchtwert eines Tieres ausmachen. Ergänzt werden diese Daten mit Ergebnissen von Verwandten, vornehmlich mit Daten aus der eigenen Nachzucht.

Dieser Zuchtwert hat die Zahl 100 als Normal- oder Mittelwert der Rasse. Kleinere Werte als 100 bedeuten eine geringere Belastung bei einem Merkmal, größere Werte als 100 eine entsprechend größere Belastung als der Durchschnitt der Rasse. Ziel ist es, daß im Zuchtwert das genetische Material eine Hundes so gut wie möglich gemessen wird und damit so gut wie möglich eine Voraussage für eine geplante Paarung gemacht werden kann.

Jeder Züchter hat die Möglichkeit, nicht nur das eigene Tier zu beurteilen, sondern quasi dessen inneren genetischen Wert zu schätzen. Denn das einzelne Tier kann gut aussehen und gesund erscheinen und doch Krankheiten oder Defekte vererben.

Der Erfolg blieb nicht aus: Heute ist – bei einer Beteiligung von 70% des jeweilgen Jahrgangs am Röntgen – die 90%-Marke für HD-freie Hunde überschritten.

Farbiges Gedränge an der Tankstelle: zwei Tage alte Welpen kabbeln um den besten Platz. Für die Hundemutter beginnt eine anstrengende Zeit.

Die Begrenzung der Deckakte von Rüden auf fünf tut ein übriges. Denn nur wenn seine Nachkommen überdurchschnittlich beurteilt werden und keine Erbdefekte bei den Nachkommen aufgetreten sind, kann er für weitere fünf Deckakte freigegeben werden.

Ein Deckrüde, der viele Titel gesammelt hat, aber einen schlechten Zuchtwert hat, wird im RZV deshalb kaum Zuchtverwendung finden. Und anders herum: Hunde, die auf Ausstellungen »nur« ein »Sehr gut« oder gar nur ein »Gut« erhalten, können wegen ihres Zuchtwertes trotzdem wichtige und erwünschte Zuchttiere sein.

Der RZV achtet auch streng darauf, daß der Grad der Inzucht vertretbar bleibt und Engzucht vermieden wird. Damit wird die Zucht auf einen bestimmten Typ zwar erschwert, aber das damit verbundene erhöhte Krankheitsrisiko verringert.

Die systematische, an Zuchtzielen orientierte Zucht hat auch dazu geführt, daß bei den Hovawarten nie einzelne Züchter dominierten. Es waren immer engagierte Hobbyzüchter mit einer, zwei, maximal drei Hündinnen, und die meisten haben den Weg hin zu einer Zuchtstrategie, die auf Gesundheit und Wesen zielte, mitgetragen, auch wenn es manchmal »gegen« die eigenen Hunde ging.

Die vorbildliche Zuchtstrategie im RZV fand auch außerhalb der deutschen Grenzen Anerkennung und Interesse.

> **TIP**
> *Mit der Beurteilung der Nachkommen von Deckrüden und mit der Zuchtwertschätzung erhält man einen ständigen Wandel im Wissensstand über die Vererbung. Manchmal muß dann eine Beurteilung, die früher aufgrund eines Phänotyps getroffen wurde, revidiert werden.*

1983 erfolgte auf Anregung des RZV die Gründung der Internationalen Hovawart Föderation (IHF) im FCI. Heute sind darin 10 Länder mit über 10.000 Mitgliedern vertreten. Auch diese internationale Initiative zur Verbesserung der Zucht ist einmalig unter den Rassezuchtvereinen und sollte bei anderen Nachahmung finden.

▶ Nachzuchtbeurteilungen

Der Erfolg aller züchterischen Bemühungen zeigt sich in der Nachzucht. Der Welpe, den Sie mit nach Hause nehmen, ist damit nicht nur für Sie selbst etwas Besonderes, sondern er ist wichtig für den Zuchtverein. Je mehr man dort über den Nachwuchs weiß, desto besser kann man über den weiteren Zuchteinsatz der Eltern entscheiden.

Alle drei Hovawartzuchtvereine verlangen dazu das Röntgen der Hüften beim ausgewachsenen Hund.

Weil die meisten Welpenkäufer nicht Hovawartzüchter werden und die meisten ihren Hund auch nie auf einer Ausstellung oder einer Zuchttauglichkeitsprüfung vorstellen, hat der Rassezuchtverein für Hovawarthunde die sogenannte Nachzuchtbeurteilung eingeführt. Mit ihr soll erreicht werden, daß möglichst jeder im Verein gezüchtete Hund einmal einem Körmeister vorgestellt wird und dem Verein mehr Daten und Informationen über die gesamte Nachzucht vorliegen als nur das Wurfabnahmeprotokoll und die Röntgenergebnisse.

Bei diesen Nachzuchtbeurteilungen können Hovawarte ab vier Monaten teilnehmen, eine Altersgrenze nach oben gibt es nicht. Ein Körmeister beurteilt das Erscheinungsbild. Er kontrolliert, ob (nach abgeschlossenem Zahnwechsel)

> **Wesens- und Erscheinungsbeurteilungen**
>
> ☐ in den ersten Lebenstagen
>
> ☐ im Alter von ungefähr 4 Wochen
>
> ☐ bei der Wurfabnahme (8. Lebenswoche)
>
> ☐ bei der Nachzuchtbeurteilung (ab 4 Monate), wird nur beim RZV gemacht
>
> ☐ bei der Jugendbeurteilung (ab 12 Monate)
>
> ☐ bei der Zuchttauglichkeitsprüfung (ab 24 Monate)
>
> ☐ bei der Körung (ab 30 Monate)

alle Zähne vorhanden sind. Die Widerristhöhe wird gemessen, die Rute auf etwaige Anomalien abgetastet, beim Rüden werden außerdem noch die Hoden kontrolliert. Danach begeben sich Hund und Mensch auf einen kleinen Parcours. Auf diesem wird das Verhalten des Hundes bei optischen und akustischen Reizen beobachtet.

Die Nachzuchtbeurteilung ist ein kleiner Ausschnitt aus dem Wesenstest, den die Hunde bestehen müssen, die in der Zucht eingesetzt werden sollen. Aber keine Angst, bei der Nachzuchtbeurteilung kann keiner durchfallen.

▶ Der Rassestandard

Wenn Sie einen Rassestandard lesen, dann erfahren Sie die Ziele, die Richtschnur, an der sich die Zucht orientiert.

Es ist immer nur ein Teil der jeweiligen Hundegeneration, der den Vorstellungen und Zielen des Rassestandards nahekommt oder ihn gar ganz erfüllt.

Solche Hunde erhalten dann auf Ausstellungen die Bewertung »Vorzüglich«.

Viele Bücher übernehmen zum Beispiel die Wesensbeschreibung einer Rasse aus dem Standard. Die Leser denken dann, wenn ich einen Hovawart kaufe, dann ist das genau so ein Hund, wie dort geschrieben steht. Ist er aber nicht, sondern soll er sein, d. h., das Ziel der Zucht ist es, einen solchen Hundetyp zu erreichen. Der Welpe, der dann bei Ihnen einzieht, ist vom Äußeren und vom Wesen her eine Option auf dieses Ziel. Ob und wie nahe er dem Hovawartsseziel kommt, das wird die Zeit weisen.

Der Sinn des Standards ist es vor allem, Klarheit darüber zu haben, woraufhin die Züchter und deren Organisationen arbeiten.

Der FCI hat sich auf eine einheitliche Beschreibung der Rassestandards geeinigt, damit eine möglichst objektive und vergleichbare Bewertung möglich ist.

> **Info**
>
> Ganz unabhängig von irgendwelchen Vorschriften ist aber wichtig, daß Sie Ihren Züchter informieren, falls irgend etwas im Leben Ihres Hundes geschieht, das der Züchter wissen sollte: Verhaltensauffälligkeiten, Krankheiten und nicht zuletzt die Todesursache. Aber natürlich freuen sich die meisten Züchter auch darüber, wenn sie Gutes und Nettes von ihren ehemaligen Welpen hören.

▶ Ausstellungen

Ausstellungen sind natürlich wichtig für die Hovawartzucht, aber, und das unterscheidet diese Rasse von einigen anderen: Ausstellungen haben nur einen begrenzten Stellenwert. Mit ihnen ver-

Clubsiegerschau – auch so können Hundeausstellungen aussehen: draußen im Grünen, große, freundliche »Familientreffen« ohne Gerupfe, Gezupfe und Gekläff.

schafft man sich einen Überblick über den derzeitigen Stand der Rasse. Man vergewissert sich quasi immer wieder, wie ein Hovawart aussehen soll, und man kann Hovawarte untereinander vergleichen. Aber: Die Ausstellungen erhöhen weder die Decktaxe des Rüden, noch haben sie Auswirkungen auf Preise oder sonstige Vergünstigungen der Züchter. Also: man kann sich über ein Prädikat freuen, und man kann auch Trophäen jagen, aber einen meßbaren Vorteil hat man nicht davon. In der Ahnentafel macht sich ein Siegertitel zwar gut, aber die meisten Interessenten, die gerade einen Hovawart suchen, legen Wert auf Wesen, nicht so sehr auf »Schönheit«.

Für die Zuchtzulassung muß der Hund lediglich ein »Gut« auf einer Ausstellung erhalten. Für die Zuchtzulassung bedeutsamer sind die Zuchttauglichkeitsprüfungen.

AUSSTELLUNGSARTEN ▶ Es gibt zwei Arten der Ausstellung, mit jeweils unterschiedlichen Titeln, die man dort erhalten kann.

1. Die **Clubschauen** oder **Spezialzuchtschauen**, die von den Hovawartvereinen veranstaltet werden. Sie finden meist im Freien statt. Nur Hovawarte nehmen teil. Man kann Anwartschaften auf ein Nationales Championat (CAC) und Anwartschaften auf den Titel VDH-Champion (VDH-CH-A) erwerben.

2. Die **Internationalen Rassehundeausstellungen**, die vom VDH veranstaltet werden. Hier können alle anerkannten Rassen ausgestellt werden. Die Veranstaltungen finden meist in Messehallen oder ähnlichen statt. Man kann Anwartschaften auf ein internationales Championat (CACIB), Anwartschaften auf den Titel VDH-Champion (VDH-CH-A) erhalten und Anwartschaften auf ein nationales Championat (CAC), sofern eine Sonderschau der Hovawarte durchgeführt wird. Neben diesen Anwartschaften, die man sammeln muß, um einen dieser Titel zu erhalten, werden beim Rassezuchtverein (RZV) auch Landes-

Ausstellungsklassen

Alter	Klasse	Bemerkungen
6–9 Monate	Jüngstenklasse	
9–18 Monate	Jugendklasse	
ab 15 Monate	Offene Klasse	
ab 15 Monate	Gebrauchshundeklasse	mit Nachweis einer erfolgreich abgelegten Schutzhundeprüfung
ab 15 Monate	Championklasse	für Hunde, denen ein Titel zuerkannt wurde
ab 15 Monate	Ehrenklasse	für Hunde, die von der FCI den Titel »Internationaler Champion« bestätigt bekommen haben
ab 8 Jahre	Veteranenklasse	

Ein neugeborener Welpe. Seine Zukunft, seine Entwicklungschancen, sein Hundeleben – alles liegt in unserer Hand! Hundezucht fordert große Verantwortung.

Einige Tage alter Welpe beim Wiegen. Seine Augen und Ohren sind noch geschlossen, und auf der Stirn hat er eine Farbmarkierung, damit die Züchterin die Welpen vom ersten Tag an identifizieren kann.

sieger/in und Landesjugendsieger/in gewählt, auf einer der Landessiegerausstellungen in den 12 Landesgruppen. Wenn man bzw. hund an einer Bundes-, Europa- oder Weltsiegerschau teilnimmt und dort Tagessieger wird, darf man sich mit dem entsprechenden Titel schmücken. Der »Schönster Hund der Schau« (BOB = best of breed) wird inzwischen bei den meisten Schauen gewählt.

Klassen: Damit nicht Äpfel mit Birnen verglichen werden, gibt es in jeder Ausstellung bestimmte Gruppen, in denen man seinen Hund meldet.

Gruppenwettbewerbe: Zuchtgruppenwettbewerbe können durchgeführt werden, wenn sich Gruppen melden, die aus mindestens drei Hovawarten aus dem gleichen Zwinger bestehen.

Formwertnoten: Auf einer solchen Ausstellung beurteilt ein Richter das äußere Erscheinungsbild (Zähne, Rute, Fell, Augen, Körperbau) und das Gangwerk. Die Meßlatte, die er dabei anlegt, ist der Rassestandard. Je nachdem, wie nahe ein Hund den Zielvorstellungen vom idealen Hovawart kommt, erhält er die Noten V = Vorzüglich, SG = Sehr gut, G = Gut, Ggd = Genügend, Nggd = Nicht genügend.

▶ Die Zuchtvoraussetzungen

Wichtiger als einen Titel in einer Ausstellung nehmen alle Hovawartvereine die Zuchttauglichkeitstests. Solche Tests oder Prüfungen bestehen aus der Beurteilung des Äußeren eines Hundes (Exterieur) und einem Wesenstest. Ihr Hund muß sich messen lassen, also ertragen, daß ein sogenanntes Körmaß (Zollstock) Widerristhöhe und Länge des Hundes mißt. Zähne und Augen werden angeschaut, beim Rüden wird kontrolliert, ob beide Hoden im Hodensack sind.

Dann geht es ab auf einen Parcours, der den Hund mit unterschiedlichen Situationen konfrontiert. Der Rassezuchtverein (RZV) legt größeren Wert als die beiden anderen auf die Veranlagung zum Gebrauchshund, also wird hier auch der Beutetrieb des Hundes getestet.

Neben diesen Veranlagungstests, die Hinweis auf rassetypisches Wesen geben sollen, legen alle Vereine Wert darauf, daß der Hovawart ein nervenstarker, selbstsicherer Hund ist. Dazu werden in den Wesenstests unterschiedliche Versuche mit ihm angestellt. Er soll zum Beispiel seinem Menschen folgen, der kurze Zeit vorher in einer dicht beieinander stehenden Menschenansammlung verschwunden ist. Er soll vor ungewöhnlichen Geräten, Gestalten oder Bewegungen nicht in Panik geraten und auch nicht aggressiv werden. Er soll bei Geräuschen unbeeindruckt bleiben.

Die Zuchtordnungen schreiben vor, daß die erfolgreiche Teilnahme an einer Jugendbeurteilung (ab 12 Monate) und an einer Zuchttauglichkeitsprüfung (ab 20 Monate) Voraussetzung für die Zuchtzulassung ist. Man bekommt keine »Noten«, sondern schließt die Jugendbeurteilung ab mit »bestanden« oder »nicht bestanden«. Die Zuchttauglichkeitsprüfung wird abgeschlossen mit »zur Zucht zugelassen«, »zur Zucht empfohlen« oder leider auch mit »nicht zur Zucht zugelassen«.

Solche Tests sind nicht perfekt, aber das Beste, was wir derzeit haben. Ohne solche Tests wäre die Grundlage, auf der ein Hund die Zuchtzulassung erhält, lediglich sein Aussehen und einige gesundheitliche Vorschriften. Das wäre bei so großen, wehrhaften Hunden ein beachtlicher Mangel an Information.

HUNDEZUCHT ▶ Wenn ein Hund in die Zucht kommen soll, muß er verschiedene Voraussetzungen erfüllen (vgl. Kasten).

Für die Leistungszucht (rosa Papiere) muß darüber hinaus eine erfolgreich abgelegte Begleithundeprüfung sowie eine Schutzhundeprüfung nachgewiesen werden.

Für die Kör- und Leistungszucht (rote Papiere) braucht der Hund zusätzlich noch den Nachweis einer bestandenen Ausdauerprüfung, eine erfolgreich abgelegte Körung sowie die Bewertung »zur Zucht empfohlen« bei der Zuchttauglichkeitsprüfung.

Rüde und Hündin müssen zum Zeitpunkt der ersten Zuchtverwendung

> **Zuchtvoraussetzungen im RZV**
>
> ☐ Nachweis der gesunden Hüfte (nur HD-frei erlaubt)
>
> ☐ Nachweis einer Augenuntersuchung (Katarakt-frei)
>
> ☐ Formwertnote auf einer Ausstellung mindestens »Gut«
>
> ☐ Jugendbeurteilung und Zuchttauglichkeitsprüfung bestanden

(Deckakt) mindestens 24 Monate alt sein. Die Rüden scheiden mit dem letzten Tag des Monats aus der Zucht aus, in dem sie 10 Jahre alt werden. Hündinnen scheiden aus der Zucht aus mit dem letzten Tag des Monats, in dem sie 8 Jahre alt werden.

Rüden dürfen ohne Zeitbegrenzung fünfmal, Hündinnen dreimal erfolgreich eingesetzt werden. Über die weitere Zuchtverwendung entscheidet dann der Zuchtleiter aufgrund der Beurteilung ihrer Nachkommen. Bei den Hovawarten kann es durch diese strenge Beschränkung und Kontrolle nicht dazu kommen, daß zum Beispiel ein Deckrüde Hunderte von Nachkommen zeugt, bis man bemerkt, daß er irgendeine Krankheit vererbt.

Zwischen den Würfen muß ein Abstand von 9 Monaten, von Decktag zu Decktag gerechnet, sein, die Hündin darf somit nur einmal im Jahr belegt werden.

Für Wurfwiederholungen, mit denen andere Vereine kaum Probleme haben, gibt es bei den Hovawarten sehr strenge Auflagen, die schwer zu erfüllen sind.

Gerade mal einen Tag alt, und schon kommen die Zuchtwarte. Hovawartzucht im VDH ist kontrollierte Zucht, zum Vorteil der Hunde und zum Vorteil für Sie.

Hündinnen dürfen mehr als acht Welpen aufziehen, müssen danach aber eine Babypause von 18 Monaten machen. Sie sehen schon, Massenzucht, Ausbeutung von Hündinnen und Deckrüden, die viele Tausend Mark »einspielen«, können Sie bei den Hovawarten vergessen.

Deshalb sind Hovawarte auch nicht interessant für Leute, die im Züchten eine Neben- oder sogar eine Haupterwerbsquelle sehen. Die Zuchtvoraussetzungen bei Hovawarthunden sind vergleichsweise äußerst streng – das ist gut, für die Hunde und für uns, die wir Hovawarte halten (möchten).

ZÜCHTER ▶ Die Menschen haben es gegenüber den Hunden etwas leichter, als Züchter zugelassen zu werden. Zunächst müssen sie Mitglied in einem Hovawartzuchtverein des VDH sein.

Für den Deckrüdenbesitzer gilt, daß er sich der Zuchtordnung unterwerfen und ein Sprungbuch führen muß, in das die Deckakte eingetragen werden.

Die Hündinnenbesitzer müssen sich einen Zwingernamen überlegen und diesen dann national (VDH) und – wenn man will – international (FCI) »schützen« lassen, quasi wie ein Patent.

Um über die wichtigsten Wissensgrundlagen zu verfügen, muß der Hündinnenbesitzer an einer Züchterschulung teilgenommen haben. Der Verein kontrolliert dann noch die geplante Zuchtstätte selbst, also Haus und Garten des Züchteranwärters. Dabei wird neben den äußeren Bedingungen auch darauf geachtet, wie die Hunde leben, die der Kandidat bereits hält. Diese sogenannte Wurfstättenabnahme wird beim RZV nicht nur einmal durchgeführt, sondern sie wird auch nach einem Wohnungswechsel wiederholt oder nach einer Zuchtpause von mehr als drei Jahren.

▶ Die Zuchtwarte

Zunächst einmal wird man als Züchter nicht allein gelassen. Alle Vereine haben Zuchtwarte. Sie sind die unmittelbaren Ansprechpartner in allen Fragen der Zucht. Sie kontrollieren aber auch die Zucht und die Einhaltung der Zuchtbestimmungen. Es gibt für sie besondere Ausbildungs- und Fortbildungsveranstaltungen.

Der Zuchtwart berät die Züchter bei der Auswahl eines Deckrüdens, und er muß auch die Zustimmung zu einem geplanten Deckakt geben. Er beurteilt die Zuchtstätte und betreut den Wurf. Das ist ganz schön viel Arbeit, denn er muß mehrmals die Welpenschar besuchen, begutachten, in der letzten Woche beim Züchter führt er auch noch einen Welpentest mit jedem durch, schreibt ein Protokoll darüber und tätowiert die Kleinen mit ihrer Zuchtbuchnummer. Er kontrolliert die Haltung, Unterbringung und Ernährung der Zuchttiere. Er gibt dem Zuchtleiter unverzüglich bekannt, wenn sich Hunde mit Zuchtgenehmigung in Gesundheit, Wesen und Erscheinung so geändert haben bzw. die Haltung sich so verschlechtert hat, daß eine Zuchtverwendung nicht mehr zu vertreten ist.

Der Zuchtwart ist also einerseits Berater der Züchter, ihr Helfer und Begleiter, andererseits ist er aber auch Kontrolleur des Vereins und Wächter der Zuchtbestimmungen.

▶ Persönliche Voraussetzungen

Es ist menschlich, und es ist verständlich, wenn man sich wünscht, vom eigenen Rüden oder von der eigenen Hündin Nachzucht zu sehen. Es ist pädagogisch ehrenwert, wenn man denkt, daß die eigenen Kinder einmal miterleben

▶ Das sind gute Züchter

Zuchttauglichkeitsprüfungen sind für sie kein Freibrief. Sie kennen ihre Hündin bzw. ihren Rüden am besten und wissen daher auch genau, ob es wünschenswert ist, daß sie in die Zucht eingebracht wird.

Geld interessiert sie im Zusammenhang mit der Zucht nicht. Im Gegenteil, sie haben genügend, um sich die Zucht überhaupt leisten zu können.

Zeit haben sie genug. Sie können sich die ganze Zeit – also mindestens acht Wochen – der Aufzucht ausschließlich um die Welpen kümmern.

Helfer haben sie ebenfalls, die sie unterstützen und für sie einspringen können.

Wissen haben sie sich schon längst angeeignet. Genetik, einschlägige Kenntnisse der Tiermedizin, artgerechten Ernährung, Verhaltensforschung und das Wissen um Ziel und Organisation artgerechter Prägung sind ihnen vertraut.

Raum haben sie genug. Ihre kleinen Welpen leben mit ihnen zusammen im Haus. Den etwas größeren Welpen bieten sie im Garten einen »Abenteuerspielplatz« mit vielen Möglichkeiten, sich körperlich und wesensmäßig zu entwickeln und zu erproben.

Pädagogik für Hundekinder ist ihnen vertraut. Sie wissen, welche Erfahrungen sie ihren kleinen Schützlingen ermöglichen müssen.

Psychologie ist kein Problem für sie. Sie trauen sich zu, Menschen, die gern einen Welpen möchten, auf ihre Hovawarttauglichkeit hin zu prüfen. Sie sind auch selbstbewußt genug, einmal abzusagen.

Verantwortung haben sie nicht nur acht Wochen lang für ihren Welpen, sondern weit darüber hinaus. Sie wissen, daß sie unter Umständen einen Hund zurücknehmen müssen.

Welpenspiel, die große unverzichtbare Schule für das Leben. Nur wenn Welpen genügend Spielmöglichkeiten und Kontakt mit anderen hatten, werden sie ein normales innerartliches Sozialverhalten entwickeln.

sollen, wie Trächtigkeit, Geburt und Welpenaufzucht ablaufen. Aber das sind zunächst alles mehr oder weniger egoistische Gründe. Denken Sie einmal vom Hovawart und dessen Bedürfnissen und Ansprüchen her: von den hohen Ansprüchen, die wir heute an einen Hund hinsichtlich Gesundheit, Wesen und Umwelttauglichkeit stellen, und an die Ansprüche der Zuchtvereine und an die Wünsche der möglichen Welpenkäufer. Dann haben Sie die Voraussetzungen, die nicht alle in einer Zuchtordnung stehen, die Sie aber alle erfüllen sollten, wenn Sie ein guter, seriöser Züchter werden wollen.

Sie finden vielleicht, daß dies Anforderungen sind, die niemand erfüllen kann. Mag sein, daß nur wenige diesen Anforderungen entsprechen, aber es muß auch wirklich nicht sein, daß jeder züchtet. Es ist für die Gesundheit der Hündin absolut unerheblich, ob sie einmal Junge hatte, das weiß jeder inzwischen.

Rassehundezucht kann nur dann einen Sinn in unserer modernen Gesellschaft haben, wenn sie mehr ist als das Herstellen etwa gleich aussehender Hunde. Wer Rassehunde und gar die großen Hovawarte züchten möchte, braucht viel Wissen, Fähigkeiten und Liebe und eben auch Raum, Zeit und Geld. Der Hovawartzüchter braucht Durchsetzungsfähigkeit und Verantwortungsbewußtsein, Kraft und Humor. Hat er dies alles und hat er noch eine Hündin, bei der alles stimmt, dann kann man ihm nur noch alles Gute wünschen.

Service

Service

114 ▶ Lexikon	120 ▶ Register	
115 ▶ Rassestandard	122 ▶ Impressum, Bildnachweis	
119 ▶ Zum Weiterlesen, Adressen	123 ▶ Hundepaß	
	124 ▶ InfoLine	

▶ **AHNENTAFEL** Abstammungsnachweis, Stammbaum des Rassehundes, ausgestellt von der Zuchtbuchstelle.

▶ **BEFEDERUNG** das Haar an der Rückseite der Vorderläufe.

▶ **BEHANG** Ohren des Hundes.

▶ **FÜHRIG** ist ein Hund dann, wenn er gern und willig mit seinem Menschen kooperiert.

▶ **GANGWERK** Bewegungsablauf: das Zusammenspiel von Vorhand und Rückhand, Rücken und Winkelung sowie dem Schub aus der Rückhand.

▶ **GEBISS** besteht aus 42 Zähnen: 6 Schneidezähnen, 2 Fangzähnen, 8 Prämolaren (vordere Backenzähne), 4 Molaren oben und 6 Molaren unten (hintere Backenzähne).

▶ **HOSEN** längere Behaarung an der Rückseite der Oberschenkel.

▶ **PRÄGUNG** befristeter Zeitraum, in dem ein besonders intensives Lernen erfolgt, das zu fast unauslöschlichen Lernergebnissen führt (eingeprägt!). Bei Hunden zwischen der 4. und 16. Lebenswoche.

▶ **RANGORDNUNG** In (Wolfs-)Rudeln gibt es eine klare Rangordnung, die je nach Situation geändert werden kann. Familienhunde erwarten, daß wir ihnen zeigen, wo ihr Platz in der Rangordnung ist.

▶ **RASSE** ist die Untergruppe einer Art (Hund), zu der Individuen gehören, die bestimmte Merkmale und Eigenschaften gemeinsam haben und an ihre Nachkommen weitergeben.

▶ **SCHLAG** Gruppe von Hunden innerhalb einer Rasse, die sich durch besondere Merkmale oder Eigenschaften von den anderen abhebt. Bei Hovawarten z. B. Farbschläge.

▶ **SCHULTERHÖHE** Abstand vom Widerrist zum Boden.

▶ **SCHWARZMARKEN** Farbschlag der Hovawarthunde, schwarzes Fell mit mittelblonden Abzeichen.

▶ **SOZIALVERHALTEN** ein Inventar verschiedener Verhaltensweisen, mit denen Hunde sich untereinander (innerartlich) oder mit Menschen (zwischenartlich) verständigen. Viele sind nicht angeboren, sondern werden erlernt.

▶ **WESEN** die Gesamtheit aller Verhaltensweisen, sowohl der angeborenen als auch der erworbenen. Ergebnis des Zusammenkommens der Anlagen und sämtlicher Umwelteinflüsse.

▶ **ZUCHTBUCH** wird bei der Zuchtbuchstelle des Rasseclubs geführt und enthält Angaben über jeden Hund, der innerhalb der Zuchtbestimmungen des Vereins gezüchtet wurde. Anhand des Zuchtbuchs kann man die Abstammung eines Hundes zurückverfolgen.

Der Hovawart

- FCI-Standard Nr. 190 vom 12.01.1998
- Ursprungsland: Deutschland
- Verwendung: Gebrauchshund

KLASSIFIKATION FCI
Gruppe 2: Pinscher, Schnauzer, Molosser und Schweizer Sennenhund; Sektion 2: Molosser, Berghunde, mit Arbeitsprüfung.

KURZER GESCHICHTLICHER ABRISS
Der Hovawart ist eine sehr alte deutsche Gebrauchshunderasse. Der Name stammt aus dem Mittelhochdeutschen: »Hova« = der Hof und »wart« = der Wächter. Seit 1922 wurde diese Rasse unter Verwendung von typmäßig ähnlichen Hunden, die man auf Bauernhöfen noch fand, neu herausgezüchtet. Außerdem wurden Einkreuzungen von Deutschen Schäferhunden, Neufundländern, Leonbergern und weiteren Hunderassen in den ersten Jahren der Zucht vorgenommen. Durch starke Selektionsmaßnahmen wurde der ursprüngliche Gebrauchshundetyp wieder erreicht.
Im Ursprungsland wird auf den Gesundheitszustand

der Hovawarthunde sehr großer Wert gelegt. Insbesondere ist die Hüftgelenksdysplasie durch jahrzehntelange Selektion auf HD-freie Tiere bis auf wenige Prozent zurückgedrängt worden. Es wird erwartet, daß diese Bemühungen in allen Hovawartzuchtvereinen Nachahmung finden.

ALLGEMEINES ERSCHEINUNGSBILD

Der Hovawart ist ein kraftvoller, mittelgroßer, leicht gestreckter, langhaariger Gebrauchshund. Die Geschlechtsunterschiede sind vor allem an Kopfform und Körperbau deutlich erkennbar.

WICHTIGE MASSVERHÄLTNISSE

Die Rumpflänge beträgt ca. 110% bis 115 % der Widerristhöhe.

VERHALTEN UND CHARAKTER

Er ist ein anerkannter Gebrauchshund zu vielseitiger Verwendung. Von der Veranlagung her ausgeglichen und gutartig, besitzt er Schutztrieb, Kampftrieb, Selbstsicherheit und Belastbarkeit, mittleres Temperament und eine sehr gute Nasenveranlagung. Seine harmonisch abgestimmten körperlichen Verhältnisse und eine besondere Bindung an seine Familie machen ihn zu einem hervorragenden Begleit-, Wach-, Schutz-, Rettungs- und Fährtenhund.

KOPF

Der Nasenrücken ist gerade und bildet eine Parallele zum Oberkopf. Fang und Schädel sind etwa gleich lang. Die Kopfhaut liegt straff an.

OBERKOPF

SCHÄDEL Der kräftige Kopf hat eine breit gewölbte Stirn.

STOP Gut erkennbar

GESICHTSSCHÄDEL

NASE Nasenlöcher gut ausgebildet. Bei schwarzmarkenen und schwarzen Hunden ist die Pigmentierung schwarz, Pigmentierung bei blonden Hunden: schwarz, Wechselnase zulässig.

FANG Kräftig; sowohl von der Seite als auch von oben gesehen, verjüngt er sich wenig.

LEFZEN Sie liegen gut an.

ZÄHNE/GEBISS Der Hovawart hat ein vollständiges, kräftiges Scherengebiß mit 42 Zähnen gemäß der Zahnformel. Die Zähne stehen senkrecht im Kiefer. Zangengebiß ist zulässig.

AUGEN Die Augen sind oval, weder hervortretend noch tiefliegend. Ihre Farbe ist dunkel- bis mittelbraun. Die Augenlider liegen dicht an.

OHREN Die locker anliegenden dreieckigen Hängeohren sind hoch und weit auseinanderliegend angesetzt, den Oberkopf optisch verbreiternd, und reichen in ihrer Länge bis mindestens zum Lefzenwinkel. Ihre Spitze ist leicht abgerundet. In der Ruhestellung liegen sie flach an, bei Aufmerksamkeit können sie etwas nach vorne gerichtet getragen werden. Die Vorderkante liegt senkrecht etwa auf der Mitte zwischen Auge und Hinterhauptbein.

HALS

Der kräftige Hals ist mittellang, und die Kehlhaut liegt straff an.

KÖRPER

RÜCKEN

Der Rücken ist gerade und fest.

LENDE Die Lende ist kräftig und etwas länger als die Kruppe.

KRUPPE Die Kruppe ist leicht abfallend und mittellang.

BRUST

Die Brust ist breit, tief und kräftig.

RUTE

Die buschig behaarte Rute reicht bis unterhalb des Sprunggelenkes, aber nicht bis zum Boden. Sie wird je nach Stimmung bis über den Rücken hochgeschwungen oder gesenkt getragen.

GLIEDMASSEN
VORDERHAND
SCHULTERN Die Vorderläufe sind kräftig und, von vorne und von der Seite gesehen, gerade und senkrecht gestellt.
Sehr gut bemuskelte Schulterpartie. Das Schulterblatt ist lang und gut schräg zurückliegend.
OBERARM Lang, eng am Körper anliegend.
ELLENBOGEN Sie liegen am Brustkorb an.
FORDERFUSSWURZELGELENK Kräftig.
VORDERMITTELFUSS Mäßig schräg gestellt.
HINTERHAND
Die Hinterläufe sind kräftig und, von hinten gesehen, gerade und senkrecht gestellt. Die Hinterhand ist gut gewinkelt.
OBER- UND UNTERSCHENKEL Sehr gut bemuskelt.
SPRUNGGELENK Kräftig, tiefstehend.
PFOTEN
Die Pfoten sind rundlich, kräftig und kompakt. Die Zehen sind gewölbt und eng aneinanderliegend. Afterkrallen sind zu entfernen, ausgenommen in den Ländern, in denen solches durch gesetzliche Bestimmungen verboten ist.
Die Zehennägel bei schwarzmarkenen und schwarzen Hunden sind schwarz pigmentiert. Die Zehennägel bei blonden Hunden können weniger pigmentiert sein.

GANGWERK
Der Hovawart bewegt sich in allen Gangarten, von vorne und hinten gesehen, geradlinig und raumgreifend. Der Trab ist weit ausgreifend, mit gutem Schub aus der Hinterhand.

HAUT
Die Haut ist insgesamt straff anliegend. Bei schwarzmarkenen und schwarzen Hunden hat einen bläulichen Schimmer, bei blonden einen meist rosa Schimmer.

HAARKLEID
Das kräftige Langhaar ist leicht gewellt und anliegend, mit wenig Unterwolle. Es ist länger an der Brust, am Bauch, der Rückseite der Vorderläufe und der Rückseite der Oberschenkel und der Rute. Am Kopf, an der Vorderseite der Vorderläufe und der Vorderseite der Hinterläufe ist das Haar kurz.
Das Haarkleid ist geschlossen.

FARBE
Den Hovawart gibt es in drei Farbschlägen: schwarzmarken, schwarz und blond.
SCHWARZMARKEN Das Haarkleid ist schwarz und glänzend, die Farbe der Markenzeichnung ist mittelblond. Am Kopf beginnt die Zeichnung unterhalb des Nasenrückens und reicht um die Mundwinkel herum bis zur Kehlmarke. Die Punkte über den Augen sind deutlich sichtbar. Die Brustmarke besteht aus zwei nebeneinanderliegenden Flecken, die miteinander verbunden sein können. An den Vorderläufen reichen die Marken, von der Seite gesehen, von den Zehen bis etwa zum Vordermittelfuß und laufen auf der Hinterseite auf der Höhe der Ellenbogen aus. An den Hinterläufen ist, von der Seite gesehen, die Markenzeichnung unterhalb des Sprunggelenkes als breiter Streifen, oberhalb des Sprunggelenkes nur noch als schmaler Streifen sichtbar, der auf der Vorderseite der Hinterläufe bis in die Höhe der Bauchdecke reicht. Auch unterhalb des Rutenansatzes ist eine Markenzeichnung vorhanden. Die Zeichnung ist in allen Bereichen klar abgegrenzt. Einzelne kleine weiße Flecken an der Brust sowie einzelne weiße Haare an Zehen und Rutenspitze sind zulässig. Die Pigmentierung an Lidern, Lefzen und Ballen ist schwarz.

SCHWARZ Das Haarkleid ist schwarz und glänzend. Einzelne kleine weiße Flecken an der Brust sowie einzelne weiße Haare an Zehen und Rutenspitze sind zulässig. Die Pigmentierung an Lidern, Lefzen und Ballen ist schwarz.

BLOND Das Haarkleid ist mittelblond, glänzend, und wird zum Bauch hin sowie an den Läufen heller. Einzelne kleine weiße Flecken an der Brust sowie einzelne weiße Haare an Zehen und Rutenspitze sind zulässig. Die Pigmentierung an Lidern, Lefzen und Ballen ist schwarz.

GRÖSSE

WIDERRISTHÖHE Rüde: 63–70cm, Hündin: 58–65cm

AUSSCHLIESSENDE FEHLER

Jede Abweichung von den vorgenannten Punkten muß als Fehler angesehen werden, dessen Bewertung im genauen Verhältnis zum Grad der Abweichung stehen sollte.

ALLGEMEINES ERSCHEINUNGSBILD Im Phänotyp dem Rassebild nicht entsprechende Hunde. Stark hündinnenhafte Rüden. Stark rüdenhafte Hündinnen.

PROPORTIONEN Stark abweichende Körperproportionen.

VERHALTEN UND CHARAKTER Aggressive, ängstliche, schußscheue oder lethargische Hunde.

KOPF Fehlender Stop. Blaues Auge oder Birkauge. Steh-, Kipp-, Rosenohr oder abstehende Ohren. Vorbiß, Rückbiß, Kreuzbiß. Fehlen von mehr als zwei Zähnen von den 4 PM 1 und den 2 M 3 oder Fehlen eines anderen Zahnes.

HALS Ausgeprägte Wamme oder viel lose Kehlhaut.

KÖRPER Starker Senkrücken oder stark aufgezogener Rücken. Schmale oder tonnenförmige Brust. Rutenanomalien, stark verkürzte Rute, ausgeprägte Ringelrute.

GLIEDMASSEN Stark überhöhte Hinterhand.

BESCHAFFENHEIT DES HAARKLEIDES Überwiegend gelocktes Haarkleid (Ringellocken).

FARBE DES HAARKLEIDES

ALLGEMEINES Farben, die im Standard nicht beschrieben sind, z. B. blau-grau, wildfarben, braun, weiß, gescheckt, blond mit rußigem Anflug oder überwiegend mehrzonigem Haar. Weiße Flecken. Einzelne weiße Haare an der Innenseite der Oberschenkel führen nicht zum Zuchtausschluß.

SCHWARZMARKENE HUNDE Graue oder braune Flecken außerhalb der Markenzeichnung. Überwiegend andersfarbige als schwarze Unterwolle. Überwiegend graue oder weißliche Markenzeichnung.

SCHWARZE HUNDE Graue oder braune Flecken. Überwiegend andersfarbige als graue Unterwolle.

BLONDE HUNDE Einzelne weiße Haare auf dem Nasenrücken führen nicht zum Zuchtausschluß. Durchgehend rotblonde Farbe ohne Aufhellung. Farbe weißlichblond, ebenso an den Ohren. Deutliche weiße Markenzeichnung. Dunkle Flecken oder dunkle Maske.

GRÖSSE Untergröße. Übergröße von mehr als 3 cm.

NB Rüden müssen zwei offensichtlich normal entwickelte Hoden aufweisen, die sich vollständig im Hodensack befinden.

Zum Weiterlesen

Beck, Peter: Das Beste für meinen Hund. Kosmos, Stuttgart 1995.
Becvar, Wolfgang: Naturheilkunde für Hunde. Kosmos, Stuttgart 1994.
Brehm, Helga: Gesunde Ernährung für Hunde. Kosmos, Stuttgart 1993.
Brehm, Helga: Hundekrankheiten. Kosmos, Stuttgart 1995.
Durst-Benning, Petra und Carola Kusch: Der große Spielespaß für Hunde. Kosmos, Stuttgart 1997.
Feddersen-Petersen, Dorit: Hundepsychologie. Kosmos, Stuttgart 1989.
Fleig, Dieter: Die Technik der Hundezucht. Kynos, Mürlenbach 1992.
Hertrich, Hans-Günter: Hundespaß Agility. Kosmos, Stuttgart 1998.
Jones, Renate: Welpenschule leichtgemacht. Kosmos, Stuttgart 1997.
Kejcz, Yvonne: So sag' ich's meinem Hund. Kosmos, Stuttgart 1992.
Kejcz, Yvonne: Unser Hund wird alt. Kosmos, Stuttgart 1994.
Lind, Ekhard: Hunde spielend motivieren. Naturbuch, Augsburg 1998.
Mugford, Roger: Hundeerziehung 2000. Kynos, Mürlenbach 1993.
Narewski, Ute: Welpen brauchen Prägungsspieltage. Oertel und Spörer, Reutlingen 1996.
Ochsenbein, Urs: Der neue Weg der Hundeausbildung. Müller-Rüschlikon, Zürich 1979.
Räber, Hans: Enzyklopädie der Rassehunde. Band 1. Kosmos, Stuttgart 1993.
Rakow, Barbara: Der homöopathische Hundedoktor. Kosmos, Stuttgart 1999.
Ross, John und Barbara McKinney: Hunde verstehen und richtig erziehen. Kosmos, Stuttgart 1994.
Stein, Petra: Bach-Blüten für Hunde. Kosmos, Stuttgart 1997.
Tellington-Jones, Linda und Sybil Taylor: Der neue Weg im Umgang mit Tieren. Kosmos, Stuttgart 1993.
Trumler, Eberhard: Das Jahr des Hundes. Mürlenbach 1984.
Trumler, Eberhard: Mit dem Hund auf Du. München 1984.
Zimen, Eric: Der Hund. Bertelsmann, München 1988.

Adressen

Verband für das Deutsche Hundewesen (VDH) e.V.
Westfalendamm 174
44141 Dortmund
Tel.: 02 31 – 5 65 00 – 0
Fax: 02 31 – 59 24 40
Internetadresse:
http://www.vdh.de

Rassezuchtverein für Hovawart-Hunde (RZV)
Geschäftsstelle
Wallbergstr. 28
85221 Dachau
Tel.: 0 81 31 – 53 96 56
Fax: 0 81 31 – 53 96 58
Internetadresse:
http://www.hovawart.org

Hovawartzuchtgemeinschaft (HZD)
Klaus Frey
Dorfstr. 29
21376 Eyendorf
Tel.: 0 41 72 – 72 17
Fax: 0 41 31 – 74 96 22

Hovawart-Club e.V. (HC)
Elmar Wecks
Sellen 105 A
48565 Steinfurt
Tel.: 0 25 51 – 83 28

Schweizerische Kynologische Gesellschaft (SKG)
Länggaßstr. 8
CH – 3001 Bern
Tel.: 0 31 – 3 01 58 19
Fax: 0 31 – 3 02 02 15

Schweizer Hovawart-Club (SHC)
Pierre Hartmann
Lindentalstr. 94
CH – 3067 Boll
Tel.: 03 18 39 59 53

Österreichischer Kynologen-Verband (ÖKV)
Johann-Teufel-Gasse 8
A – 1238 Wien
Tel.: 01 – 8 88 70 92
Fax: 01 – 8 89 26 21

Österreichischer Club der Hovawartfreunde (ÖKH)
Annedore Itze
Robert-Bach-Gasse 11
A – 3001 Mauerbach
Tel.: 0 19 79 72 79

Internationale Hovawart-Förderation (IHF)
Elisabeth Dietschi (Präsidiumsassistentin)
Schüpberg
CH – 3054 Schüpfen

Register

Abliegen 81
Aggressionspotential 14, 16
Agility 94
Ahnentafel 28
Alleinbleiben 39
Alter 68
Altersphase 40
Augen 53
Ausbildung 70
Auslassen 77
Ausstellungen 106
Autofahren 79
Autofahrt 31

Begleithundeprüfung 29, 84
Beißhemmung 77
Beratung 25
Bestätigen 73
Bettelhaltung 80
Beutetrieb 14
Bleib 79
Büffelhautknochen 47

Castor Meyer-Busch 12

Dominanzgeste 74
Dominanzstreben 16
Doppelpfiff 83

Eingewöhnung 32
Einschläfern 69
Ernährung 42
Erste-Hilfe-Kurse 67
Erziehung 70

Fährtenhund 95
Fährtentraining 43
Familienhund 17
Farbschläge 6, 25
Fellpflege 52
Fertigfutter 43
Flegelalter 40
Flöhe 65
Freifolge 84
Fuß 83
Fütterungsanleitung 28
Fütterungshygiene 49
Futterverwerter 43
Futterzustand 42

Gebrauchshund 10, 17, 92
Gelassenheit 38
Geschichte 10
Gesundheit 60
Gesundheits-Check up 62
Grauer Star 68
Grundausstattung 29
Grundgehorsam 79

Hier 81
Hofhund 14
Hörzeichen 74
Hovawart, langhaarig 56
Hovawarttypen 12
Hüftgelenksdysplasie (HD) 60, 102
Hundehaftpflichtversicherung 29
Hundehändler 23
Hundepfeife 30, 76
Hundesnacks 47
Hundesport 93
Hündin 24, 26

Impfpaß 28
Impfungen 64
Infektionen 64
Intelligenter Ungehorsam 16

Jagdleidenschaft 91
Jugendbeurteilung 109

Kinderfreundlich 77
Kniegelenk 61
Knochen 48
Körperpflege 53
Korrigieren 73
Kotprobe 64
Krankheiten 60

Läufigkeit 26, 66
Leinenführigkeit 83
Lernzeiten 80
Liegeschwielen 56
Loben 83

Magendrehung 46, 61
Milben 65
Milchleiste 64
Mobility 95

Nachzuchtbeurteilungen 27, 105
Nahrungsbestandteile 45
Nervenkostüm 14

Obedience 97
Ohren 53
Osteochondrosis dissecans (OCD) 61

Papiere 28
Parasiten 65
Pflege 52
Pfoten 56
Planung 20
Platz 79
Prägephase 32
Prägungsspieltage 36

Rassehundezucht 112
Rassestandard 105
Reife 40
Rettungshund 85, 98
Rippenprobe 42
Röntgen 28
Rückenlage 74
Rüde 24, 26
Rudelführer 33

Sauberkeitserziehung 34
Scheinträchtigkeit 66
Schnauzengriff 77
Schußfestigkeit 86
Schutzhund 96
Schutzhundesport 96
Schwimmen 57
Sichtzeichen 76, 82
Sitz 79
Sozialverhalten 17
Spaziergänge 89
Spielen 85
Spielfreude 14
Spielsachen 30
Spürhunde 85
Streusalz 57
Stubenrein 34

Talgdrüsen 64
Temperament 14

Therapiehund 99
Tierarzt 40
Trockenfutter 43, 46

Übergewicht 42
Übungsleine 80
Umwelttraining 38
Unterordnungsgeste 80
Urlaub 100

VDH 22
Verhaltensänderungen 66
Verhaltens-Check up 63
Verschleißerscheinungen 68
Vertrag 27
Vertrauen 32
Vorhautöffnung 64
Vorsitzen 82

Wachstumsphase 45
Welpe 25
Welpenprägetage 16
Welpentest 28
Welpentreff 36
Welpenvermittlungsstelle 24
Wesensbeschreibung 106
Wurfabnahme 28
Wurfabnahmeprotokoll 102
Wurfwiederholungen 109

Zähne 54
Zahnwechsel 62
Zecken 30, 65
Zeitgeist 18
Zuchtbuchnummer 28
Zuchtkontrolle 102
Zuchtordnung 102
Zuchtplanung 102
Zuchttauglichkeitstests 108
Zuchtwarte 111
Zuchtwertschätzung 102
Zuchtziel 11

Zwingername 24, 110
Zyklusstörungen 66

Danksagung

Ein Buch über eine Hunderasse kann niemand alleine schreiben, wenn es lebendig sein soll. In dieses Buch sind Erfahrungen, Berichte, Geschichten von vielen Hovawartbesitzern und von verschiedenen Hundeausbildern eingeflossen. Sie können nicht alle genannt werden, aber allen schulde ich Dank. Besonders bedanken möchte ich mich bei Diana Wolf, der Präsidentin der Internationalen Hovawart-Förderation und des deutschen Rassezuchtvereins für Hovawarthunde, die mir in vielfältiger Weise geholfen hat, Leute angesprochen hat, Türen geöffnet und Informationen besorgt. Ilse Müller, Zuchtwartin der Landesgruppe Württemberg, hat ebenfalls viele praktische Hilfe geleistet. Christa Hanschmann, Uschi Heinrich und Lilo Kejcz haben verschiedene Manuskriptteile kritisch gelesen. Last but not least gilt mein ganz besonderer Dank meiner Nessy von der Wolfser Höhe, ohne deren engagierte Beteiligung der Text vielleicht Wochen früher fertig geworden wäre – ohne sie gäbe es aber mein Hovawartbuch vielleicht gar nicht.

Bildnachweis

Fotos von Ch. Hanschmann (S. 87), K. Hedemann (S.13), Thomas Höller (S. 15, 49, 88, 96), Yvonne Kejcz (S. 3,59,94,98,104,108,110), Lilo Kejcz (S. 124), K. Klinke (S. 69, 95), Christine Klingenberg (S. 11), A. Klumpp (S. 34, 101), Helga Lingenfelder (S.56), G. Mornhinweg (S. 27, 31), I. Müller (21, 23, 50, 112), S. Müller (S. 99), A. Multerer (S. 17), J. Oldehus (S. 106), Ute Riek (S. 51), Ralf Roppelt/Kosmos (S. 58, alle Kapitelkennfotos außer Hund), RZV-Archiv (S. 9), Christof Salata/Kosmos (S. 1, 2, 19, 37, 39, 41, 43, 45, 53, 54, 55, 73, 80, 81, 83, 85, 93, 113, 123, 124 sowie Kennfoto der Kapitel 1 und 8), M. Schnorr-Gutmann (S. 4/5), H. Steimer (S. 35), U. Stickel (S. 89), D. Wolf (S. 90) sowie aus dem Kosmos-Buch von Hans Räber, Enzyklopädie der Rassehunde, 2 historische Aufnahmen von S. 7 und 8. Zeichnungen von Rainer Benz (S.61), Milada Krautmann (S. 65, 115 unten) und Schwanke & Raasch (S. 65 oben).

Impressum

Umschlaggestaltung von Atelier Reichert, Stuttgart, unter Verwendung von zwei Fotos von Christof Salata (Vorderseite) und Thomas Höller.

Mit 80 Farbfotos, 2 SW-Fotos, 1 Farbzeichnung und 3 SW-Zeichnungen.

> Alle Angaben in diesem Buch sind sorgfältig geprüft und geben den neuesten Wissensstand bei der Veröffentlichung wieder. Da sich das Wissen aber laufend weiterentwickelt und vergrößert, muß jeder Anwender selbst prüfen, ob die Angaben nicht durch neuere Erkenntnisse überholt sind. Dazu gehört z.B., im Zweifelsfall den Tierarzt zu konsultieren, Beipackzettel zu Medikamenten zu lesen, Gebrauchsanweisungen und Gesetze zu befolgen. Hinsichtlich der Zuchtzulassungskriterien, Ausstellungsrichtlinien, Rassestandards, Prüfungsordnungen usw. sind stets die aktuellen Bestimmungen der Verbände, insbesondere von VDH und FCI, maßgeblich.

Die Deutsche Bibliothek – CIP-Einheitsaufnahme

Kejcz, Yvonne: Hovawart : (Auswahl, Haltung, Erziehung, Beschäftigung) / Yvonne Kejcz. - Stuttgart : Kosmos, 1999
  (Praxiswissen Hund)
  ISBN 3-440-07770-5

© 1999, Franckh-Kosmos Verlags-GmbH & Co., Stuttgart
Alle Rechte vorbehalten
ISBN 3-440-07770-5
Lektorat: Cordula Beelitz-Frank
Projektleitung: Angela Beck
Grundlayout: Friedhelm Steinen-Broo, eSTUDIO CALAMAR
Herstellung: Kirsten Raue
Satz: Satz & mehr, Besigheim
Printed in Czech Republic/Imprimé en République tchèque
Druck und Binden: Těšínská Tiskárna, Český Těšín

Der Kosmos Verlag ist Mitglied in der

GKF

Gesellschaft
zur Förderung
Kynologischer
Forschung e.V.

Postfach 140353
53058 Bonn
Service-Telefon
01 80 / 3 34 74 94

Hundepaß

NAME

GESCHLECHT

TÄTOWIERUNG

GEWORFEN AM

GEKAUFT AM

BESONDERE MERKMALE

WICHTIGE ADRESSEN

ZÜCHTER

TIERARZT

TIERÄRZTLICHER NOTDIENST

HUNDEVEREIN

HUNDEPENSION

ZOOFACHHANDLUNG

InfoLine

DR. YVONNE KEJCZ

ist mit Hunden aufgewachsen, hat jetzt ihren zweiten Hovawart und ist im Rassezuchtverein für Hovawarthunde.

Yvonne Kejcz ist als Diplompädagogin in der Erwachsenenbildung tätig. Ihr privates Interesse gilt Hunden und der anschaulichen Vermittlung von Informationen über Hunde, ihr Verhalten und ihre Kommunikationsweisen an Hundefreunde.

Vielen Hundefreunden ist sie daher bereits durch ihre zahlreichen Artikel in Hundezeitschriften und die beiden erfolgreichen Kosmos-Bücher »So sag' ich's meinem Hund« und »Unser Hund wird alt« bekannt.

Sie können sich mit Ihren Fragen und Problemen an Yvonne Kejcz wenden. Schreiben Sie an die »Hunde-InfoLine« (bitte mit Rückporto):

**Kosmos Verlag
»Hunde-InfoLine«
Postfach 10 60 11
D-70049 Stuttgart**